100万人が受けたい！

主体的・対話的で

＼ 深い学びを創る ／

中学社会科
授業モデル

河原 和之 編著

明治図書

まえがき

　マクドナルドに行くと「おもちゃ回収箱」が設置されている。だが一方で，「ストローが刺さり，涙を浮かべているウミガメ」「胃にプラスチックゴミ（以下，プラゴミ）がたまり空腹感がなくなり餓死する海鳥」の写真がネット上に拡散している。「プラスチック問題」だ。

　日本での一人あたりのプラゴミは，私の体重とほぼ同じ年間70kgだそうだ。「う〜ん！」だが，私の生活は，朝からCDを聞きながらボールペンで原稿チェック，そして買い物は，マイバッグを持参しても商品包装はプラスチックだらけだ。プラスチックは医療現場でも使用している。注射器，カテーテル，人工臓器，手術後の縫合糸をはじめ，義足や義手にも使用されている。「う〜ん！」自分ができる範囲で削減に貢献するのが精一杯か……。

　世界に目を向けると，レジ袋に関して何らかの規制をしている国は120か国を越え，80数か国がレジ袋を禁止している（2018年）。日本もレジ袋は有料化されたが，アフリカ，アジア諸国にも後れをとっている。「う〜ん！」国や行政が何らかの対策を講じないと個人の努力ではどうにもならない。

　ところで，世界のプラゴミ処理の現状はどうだろう。1988〜2016年の合計データにおいては，焼却（12％），埋め立て（79％），リサイクル（9％）である。先進国は2016年まで，中国にゴミを輸出し，日本も米国についで2番目に多かった。その後は，マレーシア，インドネシア，インドなどの国々に輸出するようになる。しかし，適切にリサイクルされず，大抵は，焼却されるか埋め立てられる。中にはそのまま放置され，河川に流出し海に流れるケースもある。「う〜ん！」ごみを輸出とは！　けしからん！　だが，中国では，新たに石油プラント建設からはじめるより，プラゴミを再生したほうが効率的なので，プラゴミを輸入していたということもある。「なるほど！」である。

　しかし，輸入されたゴミの中には汚れているものや，分別されていないゴ

2

ミも多く，そのままではリサイクルできない。安い賃金で雇用された現地の人が汚れを落とすのである。親の手伝いでゴミの山を漁る子どもの姿もある。「う〜ん！」。「せめてプラゴミを出す時にはキレイに洗って捨てよう」と思う私である。

　私生活風に描写したが，「プラスチック問題」の授業構想を意識している。数か所の「う〜ん！」は，「葛藤」「思考」「判断」する場面である。プラスチックは，2050年には魚の量より多くなり，魚に多大な被害をもたらすため，「規制・禁止」すべきだと意見が出るよう仕掛ける。「便利な生活には必要であり，医療関係にも役立っている」という反論が出る。出なければ，教師が「挑発」すればいい。

　以上のような「社会的ジレンマ」を提示することで社会問題を「自覚」させ，解決策を考える。世界の動向をふまえ，生産者，販売者，消費者，国や地方公共団体，そして自分に何ができるかを考える。キーワードは「驚き」「葛藤」「矛盾」「対立」である。「プラスチック問題」を「切実性」「当事者性」から考え，効果や実現性について検討することを通して，「価値判断」「意思決定」力が育成される。「資質」「能力」「態度」はどうだろう？　私は，「プラゴミをキレイに水洗いしてゴミ箱に捨てるようになった」が，「水を使いすぎか？」と葛藤している。

　本書は，20〜40代の先生方の実践事例が中心である。「習得から活用へ」「知識理解から見方・考え方へ」「対話的な学びから深い学びへ」と誘う学びが満載である。大切にしたコンセプトは，「主体的・対話的で深い学びをすべての生徒に〜"学力差"のない授業づくり〜」である。

2020年8月　河原　和之

目　次

4

**第3章 主体的・対話的で深い学びを創る
中学歴史授業モデル**
   65

第4章 主体的・対話的で深い学びを創る 中学公民授業モデル
109

第1章

「主体的・対話的で深い学び」を
すべての生徒に

① キャラメルのミゾ ～ネタ開発はじめ～

　私の授業の原点は「キャラメルのミゾ」である。このネタは「砂糖が高価だった時代，企業は利潤を維持するために，砂糖の価格変動時に，ミゾの深さを調節し利潤を確保した」という話である。某製菓メーカーに取材をしたところ，「今は砂糖の価格も安定しており，機械のモデルチェンジの方に費用がかかるのでやっていません」との返答だった。

　授業では公民「企業とは何か」の単元の「企業はできるだけ多くの利益（利潤）を得ることを目的に活動しています」という箇所で扱う。キャラメルを持参し，ポンと口に放り込み，『なぜ，キャラメルにはミゾがあるのだろう？』とする問いは絶妙である。「ざらざらして食べやすい」「舌触りがいい」「つくる時に網を使うから」と，教室は活気づく。このテーマは，すべての生徒が，早く答えを知りたいと思い，何でも自由に意見を言える“学力差”を越えた発問である。しかも，砂糖が高価だった時代背景と「利潤」の見方・考え方が育つ「スグレネタ」である。

　このころ，私の授業は生徒が“騒ぐ”“邪魔をする”“エスケープする”という，とんでもない状態だった。その状態を救ってくれたのが“キャラメルのミゾ”だった。すべての生徒の目が輝き，教室に“知的な興奮”が漂っているのが実感できた。これを原点に，私の教材開発がはじまった。

　だが，キャラメルのミゾは，戦争から戦後の混乱期の，砂糖やバターが超高級品だった時代の都市伝説であり，ミゾは，製造過程でのただの滑り止めだとのネット情報を得て，その後は使っていない。「キャラメルのミゾ」には，**生徒たちが“社会科好き”**になり，「**見方・考え方**」を鍛え，「**深い学び**」へと誘う教材（ネタ）の神髄があった。それでは，「スグれネタ」というのは，どんなネタなのか？

② 犬税ってあるの？ ～切り口は単純だが，深い学びのあるネタ～

『犬税をかけようとして断念した自治体が大阪にある。何市か？』答えは「泉佐野市」である。「へっ！ 犬に税なんて」「何で？ 知りたい！」となかなか面白い。ドイツでは「犬保有税」が導入されている。理由は「フンを処理する手数料への負担」という考えからである。「ふーん（笑）。なるほど」である。

反応は，「泉佐野市は，なぜ断念したのか？」「税金を払ったのだからフンの処理をしなくてもいいって思ってしまうので逆効果だ」など。この考えは「行動経済学」の考え方である。「アダム・スミス」の税金の一般原則からすると次のことが課題である。

・公平の原則：なぜ犬だけなのか，他の動物はなぜ税の対象にならないのか。
・明確の原則：対象となる犬をもれなく把握できるか。
・最小徴税費の原則：税収よりの徴税コストのほうが多額になる。飼い主の把握や，書類の作成など。

「犬税」から「税金の一般原則」という「深い学び」が可能なネタである。

「税を取られる」ではなく「税を納める」という観点から，「税の使途」を考えることで，政治に関心をもつ"主権者意識"を育成することが重要である。

③ 一休さんのお父さんは？
～早くわかりたい！ 解決したいと思うネタ～

「一休さんというのは，"一休み"が語源である」NHK テレビ「チコちゃんに叱られる」的導入である。天皇に対しても"タメ口"の映像を紹介する。「一休さんのお父さんはどんな身分なの？」と問い，「天皇」「貴族」「武士」「農民」から選択する。一休さんの顔や「とんち話」などを紹介し，もった

いぶっていると「先生！　早く教えて！」の声。これが，このネタの「スグれ」ている所以だ。返答に「天皇」（後小松天皇）が圧倒的に少ない「意外性」もあり，「へっ！　どうして？」とテンションが上がる。

『一休さんは天皇の子どもなのになぜ安国寺に一人で預けられたの？』と発問。「修業」「家庭問題」など。「お母さんはどんな人？」と生徒。母は「藤原氏の高官の娘」だったと知ると，ますます興味津々だ。

　一休さんの誕生は1394年，南北朝の対立が始まる時代である。父，後小松天皇は「北朝方」，母は「南朝方」，この対立が家庭に波紋をもたらし，一休さんは，幼いころ，安国寺で一時期をすごすことになる。教室の静寂とともに「南北朝の内乱」が一休さんというキーワードを介して定着する。

　『なぜ60年間も南北朝は統一されなかったのか？』という課題は「深い学び」につながる。ただ，「スモールステップ」の問いが不可欠だ。『南朝を倒して天皇家を一本化すると天皇の力はどうなるか？』「強まる」『朝廷が南北に分裂していることは幕府にとっては望ましいか？』「望ましい」，つまり，幕府は南朝の力を恐れたのではなく，むしろ北朝を牽制し，支配が容易な状態をつくったのである。では，『なぜ，義満になり南北朝が統一されたのか？』単純に，義満が朝廷を完全に掌握したからであろう。これ以降，明治維新まで「天皇」の記述は教科書から消える。つまり，義満以降，第二期武家政権がはじまるのである。「一休さん」の時代は，武家政権の"一休みの時代"とも定義できる。「一休さん」は「南北朝時代」の時代像を「深める」"スグれネタ"である。

4 マクドナルドの「ある」国と「ない」国
～日常生活から科学の世界にせまるネタ～

マクドナルドは世界100か国以上に約30,000店を
展開している。私もよく訪れるが，小中高校生の
"憩いの場"となっている。生徒にとって，マクド
ナルドは「日常」であり，マクドナルドを題材にし
た授業は学習意欲を喚起する。

店舗数ベスト10を考える（2010年）。アメリカ
(13,381店)，日本（3,686店），カナダ（1,400店），ドイツ（1,361店）と続く
が，ここ20年間で飛躍的に店舗数が増えたのは「ドイツ」である。冷戦下の
東ドイツではマクドナルドは皆無だったからである。1989年の冷戦崩壊後，
東ドイツ側だった地域で大幅に増えている。ロシアは面積も広いし，店舗数
も多いように思うが，もとは社会主義国でアメリカと冷戦関係にあったので，
270店舗と，そう多くはない。

マクドナルドがない国もある。北朝鮮をはじめイランなどアメリカと関係
がよくない国である。基本的に中東地域にはマクドナルドはないが，友好関
係にあるサウジアラビアには60店，イスラエルには153店ある。サウジアラ
ビアでは，メッカに向かって礼拝するので，一日5回閉店する。また，男女
のカウンターは別々になっている。ネパール，ブータン，ラオス，カンボジ
アなどにもない。アイスランドと南アメリカのボリビアでは，一度進出した
が，撤退している。アフリカで，マクドナルドがある国々は，エジプト，ア
ルジェリア，南アフリカ共和国のわずか3か国である。アフリカにないのは，
一人あたりの所得が少なく，購入する人が少ないからである。「中間層」が
育っていない国や，友好関係を築いていない国々には進出していない。

「マクドナルド」の「ある」国，「ない」国から，お国柄や国際関係が垣間
みえる。"みえる"「日常」世界から"みえない"「科学」の世界へと事象の
本質を探究することから「見方・考え方」が育つ。

「ハンバーガー」は，アメリカで「ハンバーグ」を販売していたところ，包み紙がなくなり，たまたまあったパンで包んだことが，そのはじまりとされている。それでは「ハンバーグ」は？　ドイツの都市である「ハンブルグ」に由来するが，もとは，遊牧民族のチンギス＝ハンが建国した「モンゴル帝国」のタルタルステーキに起源がある。生の牛肉や馬肉をみじん切りにし，味を付け，タマネギ，ニンニクなどの薬味と卵黄を添えた料理である。つまり，「モンゴル帝国」は現在のドイツ（ビザンツ帝国）近辺まで勢力を広げていたことがわかる。同様に，モンゴルの生肉を食べる文化は，支配をうけた朝鮮半島にも浸透し，生の肉を細切りにする「ユッケ」になっている。「ハンバーガー」という生徒たちの「日常」から，歴史学習においての「深い学び」が可能である。

　公民的分野で『マクドナルドのパンはどこのメーカーが大半を占めるか？』と問う。答えは「フジパン」だが，マクドナルドとフジパンは，お互い持ち株関係にあるからである。同様に甲子園球場で主に販売されているビールがアサヒなのは「阪神電車」と「アサヒビール」が同じ元「住友」系列だったからである。

　「みえるもの」から「みえないもの」を探究するのが，社会科教育の基本であり，一連の授業では「へっ！　そうなんだ！　なるほど」という驚きとともに「知識」や「見方・考え方」が定着する。

⑤ 図書室がつくられたワケは？
～ワクワク感をもち，事実や背景・本質につながるネタ～

　大阪（300），兵庫（190），滋賀（133），京都（100），三重（100），和歌山（99），奈良（46）。『近畿地方のこの数字は何だろう？』。多様な意見が出る"学力差のない問い"はワクワク感がある。答えは，「各府県でもっとも高いビルの高さ」である。大阪の300mは，「あべのハルカス」，京都の100mは「日本電産本社ビル」など，一問一答で確認する。奈良で最も高いビルは，

JR 奈良駅前のホテル日航奈良で，高さは46mである。
「なぜか？」「早く教えて」という，この「ワクワク感」
がいい。奈良市では，興福寺の五重塔（50m）より高い
建造物は禁止されている。東大寺二月堂からの写真を見
せると，寺院をはじめ，生駒山脈の眺望がすばらしく，
景観保護のために高さを制限していることがわかる。ま
た，平城京の南側にあった「旧イトーヨーカドー」（現ミ・ナーラ）には地
下売り場がなかった。地下に埋もれている文化財保護のためである。だが，
奈良の観光客数は全国20位前後であり，宿泊者も少なく苦戦している。切り
口は単純だが，追究過程で「ワクワク感」「ドキドキ感」があり，事実や背
景にせまるネタは，学習意欲を喚起し見方・考え方を鍛える。

　「家庭科室」「音楽室」「理科室」「図書室」などの特別教室がつくられた時
期を考えることから，時代背景や教育状況が垣間見られる。『学校の特別教
室はいつつくられたのか？』ヒントを提示し『古い順に並べてみよう』と，
グループ討議をさせるが完答は皆無だ。答えは以下である。

①1880年：家庭科室…学制が発足したが，女子の就学率が低く，それをアッ
　プするために裁縫を教える家庭科室が設置された。

②1910年：音楽室…戦争で勝利するためには，唱歌を通じて国民を鼓舞する
　必要性があったから。

③1915年：理科室…第一次世界大戦はいろんな武器がつくられ，ある意味，
　科学戦争であった。戦争に向けた科学技術のために理科室が設置された。

④1946年：図書室…日本が軍国主義になったのは，多角的なものの見方がで
　きなかったからであるという，アメリカ GHQ の認識のもと，図書室が設
　置された。

　本テーマは，興味関心を喚起しつつ「時代を大観」する授業に適している。
「図書室」に行ったおりに，隣にいる人に，ちょっと"うんちく"を言いた
くなる，そんなネタである。

6 借金してビールを飲んで大金持ち？
〜矛盾や対立のあるネタ〜

「緯度が高いほど気温が低い」のが「常識」だ。「常識」が揺れた時，意欲は高まる。

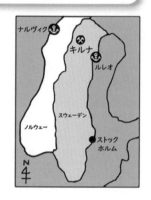

『スウェーデンのキルナの鉄鉱石は，冬場，どこから輸出するのか？』「キルナ炭鉱の鉄は，夏は，スウェーデンのルレオ港から輸出するが，北緯65度にあり冬は海が凍るので，さらに北にあるノルウェーのナルヴィク港から輸出される??」「……」

『ノルウェーの沿岸は北大西洋海流（暖流）が流れているので凍らない』

「う〜ん！　なるほど！」と「矛盾」が解決するだけではなく，「海流」（海）の果たす役割や「見方・考え方」が育つ，なかなかの"スグれネタ"である。

日本の「黒潮」は暖流，「親潮」は寒流。なぜ「黒」「親」なのか？　「黒」は日本海流の「色」からその由来がある。「親」は「プランクトンなどの栄養分が豊富で魚類を育てる"親"のような役割を果たしているからだ。「う〜ん！　なるほど！」だろうか。

第一次世界大戦後，ドイツではハイパーインフレになった。『兄は一生懸命貯金していたが，数年たつと貧乏に。借金してはビールをため込み，毎日飲んでいた弟が大金持ちになった。なぜか？』という問いも，「矛盾」「対立」を生むテーマである。「通貨の価値がなくなり，兄の預金はタダ同然になった。弟の多額の借金は，高価になったビールを売ることにより返済できた」のである。

以上の「矛盾や対立」のあるテーマは，「対話的」な学びにも有効である。なぜなら，「へっ！」「どうして？」「なぜ？」と「常識」が揺れ，「早く解決したい」と対話が促進されるからである。

7 東京オリンピック，開会式と閉会式で国名が変わった国って？〜驚きや葛藤のあるネタ〜

　前項の「矛盾」とも類似しているが，「へっ！」「ビックリ！」というネタである。1964年の東京オリンピック，10月10日の開会式の時は「北ローデシア」だった国が，24日の閉会式では「ザンビア共和国」と国名が変わった。なぜか？　1960年は"アフリカの年"と言われ，多くのアフリカ諸国が独立した。**教科書には「太字」で書かれており，とりわけ"面白く"もない単元だが，オリンピックを介して学ぶと，なかなか楽しい。**

　オランダの農産物輸出はアメリカについで世界2位である。「へっ！」「どうして！」「干拓地が多くて狭い面積の国が……」という"驚き""葛藤"が意欲を喚起する。しかも，農産物の輸入は輸出額の約7割を占める。まだまだある。オランダの食料自給率である。「小麦」（25％）「芋類」（210％）「果実類」（32％）「肉類」（175％）「乳製品」（178％）となんともいびつである（2013年）。**この3つの謎を解くカギは，得意なものを輸出し，苦手なものを輸入する"比較優位"である。**EUにおける関税のない「自由貿易」である。また，地理的条件もある。ロッテルダムは国際河川，ライン川の河口にあり，北極海にも面したEUの港だ。輸出の約4分の3は，関税がないEU加盟国への輸出で，隣のドイツへの輸出は26％を占めている（2013年）。施設園芸による花や野菜などの生産も多く，オランダの特産品，トマトは，総ガラスの温室で水と肥料はすべてコンピュータ制御で，土は使わない文字通りの野菜工場である。

　動態的地誌とは地理的事象を，「位置や分布」（隣接ドイツ，北極海），「場所」（EUの玄関口），「人間と自然環境との相互依存関係」（干拓，スマート農業），「空間的相互依存作用」（交通・国際河川）などから分析することである。しかし，前提に不可欠なのは"追究したい"課題設定である。他にも，「成果主義」と「年功序列型賃金」の選択を問うなど，身近な問題を扱うと「知識」として定着しやすい。

⑧ 頼朝はなぜ義経を殺したの？〜思考や判断が揺れるネタ〜

　「消費税の是非」「夫婦別姓の是非」「成果主義か年功序列型賃金か」など「公民」の授業では定番だが，歴史の授業においても「縄文と弥生，どちらの生活がいいか？」「信長は好きか嫌いか？」「秀吉は農民の味方か？」などのテーマがある。

　『源平合戦で頑張った弟義経を兄頼朝はなぜ殺害したのか？』。「源平合戦での義経の頑張り」を時系列で紹介する。その後，上記の「発問」は効果的である。義経が頼朝に腰越から送った嘆願書には「……朝廷から五位尉という高い位をいただいた」というくだりがある。これに，頼朝は怒りをあらわにする。『なぜ怒ったのか？』という問いは「思考・判断」が揺れる発問である。「自分だけいい目をした」「なんで弟だけ」という感情的な意見が多くを占める。時代は天皇，貴族中心の時代から，武士が中心の"御家人オンリー時代"つまり，「土地」を仲立ちとした"御恩"と"奉公"の封建時代に変化していたのである。それを見抜けず，貴族政治の高官に固執した義経と，新しい武士の時代の到来を予見していた頼朝の対比から時代が大観できる。背景には，京都に住んでいた義経と，伊豆に流され地方の武士の願いを感じ取っていた頼朝との違いがある。関東鎌倉武士の土地に対する「愛着」は，家名を受け継ぐ地名からもわかる。例えば「足利」「新田」「熊谷」「小山」などである。

　また，頼朝は，弟を探し出すため，朝廷に「守護」「地頭」の設置を認めさせ，弟をかくまったという理由で「奥州藤原氏」を滅亡させたのも，実にしたたかだ。こうして武家社会が確立していく。

　ネタは，単なる"雑学"や"エピソード"ではなく，「授業のねらい」に沿ったものでなくてはならない。追究することから「知識」を習得させ，「見方・考え方」「思考力・判断力」を育成させることが重要である。

⑨ 街から銀行・デパートが消える！
～「切実性」「当事者性」のあるネタ～

　"待ったなし"の「少子高齢社会の進行」だが，授業では「切実性」がなく「当事者性」に課題がある。「10年後には，銀行やデパートがなくなるかも……」というフレーズは，「切実性」が伝わるものではないだろうか？「切実性」をキーワードに，「恐るべき日本の未来図を時系列に沿って，かつ体系的に解き明かす」書籍（河合雅司『未来の年表』講談社現代新書）が出版されベストセラーになった。この本から，いくつか象徴的な事項をチョイスし，クイズ化した。

クイズ

2021年：（①）による離職が大量発生

2022年：「（②）暮らし社会」が本格化

2026年：（③）患者が700万人規模に

2030年：地方からデパート，銀行，老人ホームが消える

2033年：全国の住宅の３戸に１戸が（④）になる

2035年：「未婚大国」が誕生
　　　　　男性の（⑤）人に１人，女性の（⑥）人に１人が生涯未婚

2042年：高齢者人口が約（⑦,000）万人とピークに

A答え　①介護　②一人　③認知症　④空き家　⑤3　⑥5　⑦4

＊ペア学習で『一番大変なのは何か？』を交流する。

　「僕たちも介護離職の可能性がある」「高齢者の一人暮らしが増えると大変」「認知症患者が700万人になったら……」「最も大変なのは，デパート，スーパー，銀行なども地方からなくなるってことだ……そして人がいなくなる」

　日本が少子高齢社会にあることは，誰もが知る「常識」である。しかし，

大切なことは，これから起こる（起こっている）ことを「自分ごと」として考え，「未来の日本人」が日本列島のどこにくらし，どんな生活をしているのかを考えることである。今後の取り組み方次第で「未来」は書き換え可能であろう。

例えば，「地球温暖化」について，「海水温」の上昇による，「台風」や「豪雨」被害の状況は，「切実性」そのものである。最近は，列島近海の海水温27度以上の海域で勢力をあげ，日本列島に近づくほど，勢力を強め上陸してくる。特に被害の大きかった台風19号は，**東日本**および**東北地方**の広範囲に記録的な豪雨をもたらし，**多摩川や千曲川，阿武隈川**といった主要河川の氾濫・堤防決壊を引き起こした。

電車で以下のようなSDGsに着目した「吊り広告」を見かけた。

このまま「温暖化」を放置すると，2100年の平均気温は現在より4.5度上昇すると言われている。「学校」「家庭」「遊び」「農水産物」の4つと，それ以外に2つのキーワードを自分で設定し，「2100年の生活」を想定し「マンダラチャート」（我流）による，以下の様な授業を行った。

①課題（ここでは「2100年の生活」）に関する主要キーワードを6設定する。
②主要テーマに関して「思いついた」ことを記入する（5〜8ワード）。
③ワードから重要と思うものを数個セレクトし，数名と交流する。

〈代表的事例〉（上の4キーワード＋「旅行」「災害」）

> ・学校：「通学バス」「通信教育」
> ・家庭：「自宅仕事」「冷蔵庫が変化」

> ・遊び：「公園消滅」「花見が正月」
> ・農水産物：「室内栽培」「主食変化」
> ・旅行：「２月に紅葉」「年中海水浴」
> ・災害：「年中台風」「雪崩」

　わずか15分程度であったが，６項目に30程度のキーワードを書く生徒もいた。記入後，グループで交流し，情報を共有することで，さらに学びは深まる。最後に「2100年，私の天気予報」という題で作文を書く。

　「地球温暖化」についても，誰もが知る「常識」である。学びの核となるのは「切実性」「当事者性」に加え「加害性」が不可欠だ。地球上に住む約800万種の動植物のうち100万種が絶滅の危機にあると言われている。「命のにぎわい」が，新参者の「人間」により侵されているのである。ニューヨークのある動物園の展示で檻の中には鏡があった。見物する当人が映っている。その説明文には以下のように書かれていた。

「他の動物を絶滅させたことのある唯一の動物」

　1992年，カナダのセヴァンさん（当時12歳）が，リオデジャネイロの「地球環境サミット」で語った次の言葉が印象的である。

> 「オゾン層にあいた穴をどうふさぐのか，あなたは知らないでしょう。絶滅した動物をどう生き返らせるのか，あなたは知らないでしょう。どう直すのかわからないものを壊し続けるのはやめてください」

　地球からの HELP の声は，あなたに届いていますか？

⑩ すべての生徒が主人公になれる授業を！
～学習指導要領と「主体的・対話的で深い学び」～

　学習指導要領解説には「主体的・対話的で深い学び」について以下のような記述（要旨）がある。

> ア　これまで取り組まれてきた実践を否定し，全く異なる指導方法を導入することではない。
>
> イ　授業の方法や技術の改善のみを意図しない。
>
> ウ　通常行われている学習活動（言語活動，問題解決的な学習）の質を向上させる。
>
> エ　グループなどで対話する場面や，児童生徒が考える場面と教師が教える場面の組み立てが大切である。
>
> オ　深い学びの鍵として「見方・考え方」を働かせることが重要である。

　そして，カには「基礎的・基本的な知識及び技能の習得に課題がある場合には，その確実な習得を図ることを重視すること」とあり，「重視」というキーワードがあるのは，この項のみである。

　学習指導要領に対して，「知識」軽視ではないか，「方法論」（ジグソー学習など）のみが先行し，「課題や内容」が重視されていないなどとの批判があるが，解説を読むかぎり，そうではないことがわかる。

　しかし，「落ちこぼれ」「学びからの逃走」など，いわゆる「できない子」への "眼差し" や，"教師の責任を問う" キーワードを，耳にすることが少なくなってきた。「見方・考え方」「思考力，判断力，表現力等」が重視されるあまり，「そんな力」とは "無縁" な，「できない子」が放置されている。

　「習得に課題がある場合には，その確実な習得を図ることを重視する」

　「主体的・対話的で深い学び」とは，課題のある生徒にも焦点をあてつつ，教師の教える場面と，対話的な場面を組み立て，「知識」を習得し，「問題解決的な学習」等を通して，「見方・考え方」を育成することだと言えよう。

（河原　和之）

【参考資料】

・本郷和人『権力の日本史』文春新書，2019年

・河合雅司『未来の年表』講談社現代新書，2017年

・千葉保『はじまりをたどる「歴史」の授業』太郎次郎社エディタス，2011年

第2章

主体的・対話的で
深い学びを創る
中学地理授業モデル

「風の谷」を探せ！
～アニメで楽しく地理学習～

「主体的・対話的で深い学び」のポイント 👈

・「風の谷のナウシカ」の映像に現れる地理的な特徴を考える。
・「風の谷」の位置について，資料を用いて考察する。

1 「地理的な見方・考え方」を鍛える授業デザイン

(1)「風の谷のナウシカ」の地理的特徴

　「風の谷」の地形は氷河地形のU字谷である。近くの森林は広葉樹林で，人々はぶどうを栽培している。風車があり，その名の通り，恒常的に強い風が吹いている。このような地理的特徴を映像から考えさせる。

(2)「風の谷」の位置

　「風の谷」は氷河地形の見られる地域に位置すると推定できる。U字谷の地形や，気候は広葉樹が中心の植生であることから温帯気候である。ぶどうは栽培限界より南の地域で栽培でき，栽培が盛んなワインベルトの緯度は北緯30～50度である。そして，この緯度の恒常風には偏西風がある。ヨーロッパ周辺では，ピレネー，アルプス，カフカス山脈が条件に合致する。氷河地形の分布図，ケッペンの気候区分の地図，ワインベルトの分布図やぶどうの生産量の資料，大気循環図などを用いて多角的に考察させ，地理的な見方・考え方を鍛える。

2 展開と指導の流れ

(1)「風の谷のナウシカ」を "地理的にみる"

　映画「風の谷のナウシカ」の中で地理的特徴がよく現れているシーンをいくつか見せ，地形・植生・気候・文化などで気づいたことを個人でメモさせる。

(2) 班討議

> **❓考えよう**　「風の谷」は地図のどのあたりにあるか？　映像から気づいたことや，資料を使って班で考えよう。

T「まずみつけたヒントを言い合って，ホワイトボードに書いてください」

〈班A〉

S「何かみつけた？」「U字谷！　ばっちりUだった！」

S「U字谷なら寒いところだよね，氷河地形だっけ」

S「この地図に分布が描いてある。ヨーロッパの北の方にたくさんあるね」

T「他にもありませんか？」

S「あっ，高い山にもあるよ。ピレネー，アルプス，カフカス山脈！」

〈班B〉

S「植物は，川や森があったよね？」「森は広葉樹だったよ！」

S「じゃあ温帯かな？」「ぶどうを育てていた！」

S「えっ，ぶどうなんかあった？　それってヒントになるの？」

T「配った資料もよくみてくださいね」

S「ワインベルトのどこかかな？」

S「ぶどうの生産量が多いのはイタリア，スペイン，フランス，トルコだ！」

S「資料によると原産はカスピ海沿岸？　ってどこ？　地図帳で探そう！」

〈班C〉

S「風車があったから，風がよく吹く場所かな？」

T「その風は何という風でしょう？」

S「海からならモンスーン？」「向きが一定の風じゃない？」

S「ぶどうの条件と合うのは偏西風かな!?」

(3) 発表

　「風の谷」の場所にマグネットを貼らせる。各班のホワイトボードも黒板に貼る。発表者はそれらを用いて，結論と判断の根拠を説明する。

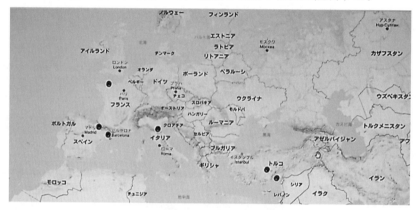

生徒が推測した「風の谷」の位置

(4) まとめ

　ホワイトボードのよい気づきに赤で〇をつける。①ぶどう栽培から北緯30〜50度，②U字谷から氷河地形の分布域，③広葉樹林から温帯，④緯度から風は偏西風，などを説明でき，欧州南部の山脈付近の谷だと結論できれば合格だと伝える。

　「風の谷」は実在しないが，宮崎駿監督は中央アジアの乾燥地帯をイメージしたという。考察した地理的条件と，ぶどうの原産国がカスピ海周辺であること，遊牧民のような衣服や室内の絨毯やタペストリー装飾といった中央

アジア的な文化面も考慮するとカフカス山脈周辺が最も条件に合うと考えられる。

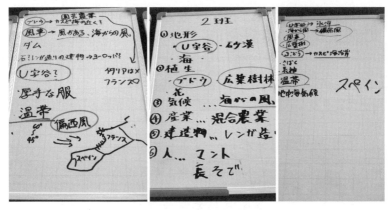

生徒が書いたホワイトボード

3　プラスαの展開例〜文化の面から考察・他のアニメでも〜

　自然環境に加えて，文化・社会面からも考察させたい。人々の容貌や服装，食生活，宗教，政治制度，言語などに着目すれば考察も深まり，歴史・公民学習にもつながる。また，「アナと雪の女王」「フランダースの犬」「ムーミン」「ライオンキング」「あらいぐまラスカル」なども教材として十分活用できる。

☆ 実践のポイント ☆

　見方次第で見え方が変わる体験から「地理って面白い！」と実感させ，やる気にさせる。討議や発表では資料を根拠に対話・表現させる。

（坂上　浩子）

【参考資料】

・『平成26年度　研究開発実施報告書　参考資料・第二年次』神戸大学附属中等教育学校，同校公開授業（平成27年２月23日）での高木優先生の実践

インドの経済成長を支えたもの
～ダイヤモンドランキングを通して考える 新興国成長の基盤～

「主体的・対話的で深い学び」のポイント

・世界を代表する2人のインド人社長から新興国発展の様相に関心をもたせる。

・ダイヤモンドランキングを活用した意見交流を通して，インドの経済成長を支えた要因について多角的に考察させ，知識の精緻化を促す。

1 「地理的な見方・考え方」を鍛える授業デザイン

(1) 新興国の経済成長

　先進工業国の多くが市場の拡大や物的・人的資源の確保を発展途上国に求めるため，発展途上国の急激な経済成長が世界各地で同時発生的に起こっている。中でもインドは，BRICs の一つに数えられ，その急速な経済成長や潜在的な発展可能性には，目を見張るものがある。2030年には GDP（購買力平価ベース）が世界第3位，2050年には世界第2位になるという予測もされている。現在のインドは，豊かな人口に加え，高度な数学教育，旧英連邦由来の英語力などを背景に，グローバルな情報社会に適応する優秀な人材を多く輩出し，国際社会の注目を集めている。

(2) インドの経済発展の地理的要因の一例～「位置」を例に～

　地理的な見方・考え方を育む上で，社会的事象を「位置」に着目して捉えさせることは重要である。例えば，米国の IT 企業のコールセンターが時差を考慮してインドのベンガルールに多くおかれていることにも着目させたい。

2　展開と指導の流れ

⑴【導入】問いを生み出す資料提示・クイズ

> **クイズ**　この２人の人物の共通点は何か？　（写真を提示して）

S「メガネが似合う！（笑）」「外国人！」

T「たしかにそうですね。どこの国の人でしょう？」

S「アメリカかな？」「ヨーロッパじゃなさそうだなぁ」

S「サウジアラビア！」「インド！」

T「そう！　２人ともインド人なんです。でも，実はもう一つ共通点があります」

S「えっ，何だろう？　スポーツ選手ではなさそうだなぁ」

S「プレゼンテーションしているみたいにしゃべっているね。えらい人っぽい！」

S「わかった！　社長さんだ！」

T「その通り！　実は，２人ともインド人の社長さんなんです。しかも，みんながよく知っている，グーグルとマイクロソフトの社長です」

S「ええ!?　グーグル？　どうしてインド人なの？」

　このやりとりの後，本時のめあてとメニューを示す。グーグル，マイクロソフトの最高経営責任者（CEO）がインド人である（2020年３月）という

意外性から，インドの経済発展の様相への興味・関心を喚起したい。

(2)【共有課題】経済発展をするために必要な要素

> **❓考えよう** 経済発展をするためには，何が必要だろうか？

S 「『経済発展』って，どういうこと？」

S 「産業が成長して，国が豊かになるってことだと思うよ」

S 「そういうことか！　じゃあ……会社とか，お店！」

S 「外国との協力も大切だと思う」

S 「じゃあ英語ができたほうがよさそうだね」「働く人も必要だよ」

S 「優秀な人材育成が重要だね！　学校とか，教育も大切じゃないかな？」

T 「みなさん，さすがです。なかなかいい気づきですね。では，他の班とか
　　ぶらないように，ホワイトボードに各班一つ書いてみましょう」

　上記のようなやりとりを通して，経済成長の要因となる項目をできるだけ
多く挙げさせる（人口，気候，地形，言語，宗教，位置，教育，国際関係…
…など）。項目が重複していたり，数が少なかったりした場合，教師が助言
して整理・追加し，ダイヤモンドランキングに取り組むための準備を全体で
整える。

(3)【グループ課題】

〈ダイヤモンドランキング「インドの経済成
長」〉

　(2)の課題で考えた項目をカードに記入し，
ダイヤモンドランキングを作成させる。まず
は個人用ワークシートに記入させて自分の考
えをもたせた上で，カードを使ってグループ
で意見交流をさせ，多角的に捉えさせる。

S 「インドはやっぱり人口が多いから，労働

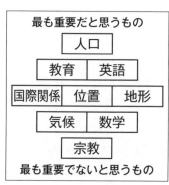

ダイヤモンドランキングの例

力が豊富なんじゃないかな？」

S「安価で豊富な労働力は，外国の企業にとっても魅力的だよね」

S「でも，それだったら，インドだけに限ったことじゃないよね」

S「インドの人は19×19のかけ算ができるって，資料に書いてあるよ。数学ができたら，コンピューターとかに強そうじゃない？」

S「なるほど。じゃあ，数学力をのばす教育も重要そうだ。僕は，数学の教育が一番重要だと感じたよ。世界的なIT関連産業の成長が，インドの成長とつながっているのかもしれないね」

S「ねえねえ，資料にはインドとアメリカの時差のことが書かれているよ。アメリカが夜の時，インドはお昼なんだって。これって，何か関係しているのかな？」

　上記のように，資料（「インドの教育事情」，「インドに進出したIT関連企業」等。ここでは略）を参照させて，班で意見を交わしながらカードの位置を適宜移動させ，ダイヤモンドランキングづくりに取り組ませる。できあがったランキングは黒板に掲示し，他の班とも比較させる。ダイヤモンドランキングによる意見交流を通した「比較」という方法で，インドの経済成長を多角的に捉えさせ，知識の精緻化を促すことができると考える。

⑷【振り返り】文章論述「インドの経済成長を支えているもの」

　ダイヤモンドランキングの交流を通して多角的に考えたことをもとに，「インドの経済成長を支えているもの」について，意見を論述させる。ランキング1位の項目に限らず，交流を通して考えたことを総合して書かせる。方眼入りの用紙を配付し，約200字程度を目安にして書かせるといい。

わたしは，インドの急激な経済成長には，インドの地球上の位置が大きく関係していると思います。時差があるため，インドはアメリカと昼夜が逆になっており，アメリカの会社は24時間体制で電話対応ができるよう，コールセンターをインドに置くことが多いそうです。また，英語が話せる人が多いこともそのことに関係していると思います。このように，世界の資本が集まりやすい条件が整っていることが，インドの発展を支えていると思います。

（論作文の例：筆者作成）

3　プラスαの展開例〜トゥールミン・モデルで説得力のある意見文を書く〜

　社会科を通して育みたい資質・能力の一つに，「根拠」をもって判断し，意見を主張する力が挙げられる。トゥールミン・モデルは，社会科においてはどの分野・単元でも取り入れやすく，これを活用した，生徒の「事実（データ）にもとづいた，説得力のある文章を書く力」をのばすプラス α の展開例を提案する。

　生徒個人が作成したダイヤモンドランキングにおいて，最上位に位置づけた項目を取り上げさせ，「わたしの結論」を決定させる。そして，次頁図（筆者作成）のように，モデルの中に，調べてわかった事実（データ）をまとめさせ，論拠を示して理由づけをさせる。そして，このモデルを活用して意見文を論述させる。このモデルを活用することで，生徒は事実にもとづいた意見文を書くことができ，また，論理構造が整理された，説得力のある主張の仕方を学ぶこともできる。このような学習を中学校３年間の授業を通して行っていくことで，生徒の論理的思考力（ロジカル・シンキング）を鍛えることができる。

事実

- インドでは19×19のかけ算まで暗算でできるように学校で学習する。
- インドは，世界で2番目に人口が多い上に，人口増加率も高い。
- 多くのインド出身のエンジニアが国際的に活躍している。
- ベンガルールなど，インドの都市への外国企業の進出が近年増加している。

わたしの結論

インドの経済成長を支えているのは，
【数学教育】
である。

論拠・理由づけ

数学は，ICTの技術力の向上のために不可欠。
世界経済をリードするIT企業は，優秀な人材と開発の拠点を望み続けており，人口増加率が高く，今後もすぐれた人材を輩出し続けるであろうインドに大きな関心を寄せている。　だから……

根拠となる事実

- すきま風がふきこむ。
- ドアのすべりが悪く，よく開けっ放し。

わたしの主張

教室のドアの修繕をしてほしい！

事実を書く！
△「寒い」とかでははく……

理由づけ

ドア付近の生徒が寒い思いをしたり，何度も閉めに行くなどして困っている。　だから……

本単元における「トゥールミン・モデル」の活用例（練習用として使用）

★ 実践のポイント ★

　多角的な考察を通して知識をつなげ，それらを論理的に組み立てて主張する力を育みたい。そのためにも，生徒の思考回路を何パターンも予想して，資料の準備を入念に行う。おもしろいのは，生徒の発想がこちらの予想を超えてきた時である。せっかく自由な発想で学習を深められる問いなのだから，授業者の定めた枠でおさまるように学びを閉じてしまっては，いささかもったいない。生徒の意見を"楽しむ"気持ちで臨みたいものだ。正解が一つに限らない問いであるからこそ，生徒の気づきや思考のプロセスを大切にした，学習者主体の授業を実現したい。

（宮本　一輝）

トルコを EU に加盟させるべき？
～単元末に社会問題を考える授業設計～

「主体的・対話的で深い学び」のポイント

・各授業で EU を様々な見方から捉え，EU の長短を考察する。
・2 国の資料をこれまでに獲得した見方を使い読み取り，意見を考える。

1 「地理的な見方・考え方」を鍛える授業デザイン

(1) 各授業で育成した見方を使用して読み解く社会問題を，単元末に設定

　「見方・考え方」は，社会にみられる課題を把握し，解決に向けて構想したりする際の「視点や方法」である。よって社会問題を単元内に組み込めば，生徒の「見方・考え方」を働かせることができる。単元末に社会問題を設定し，各授業で獲得した見方をもとに，社会問題を考察する授業を設計する。

(2) 各授業と単元末課題「トルコを EU に加盟させるべき？」のつながり

　各授業で EU としてまとまった背景，EU の長短を，歴史・経済・文化・自然環境などの視点から捉え，これらの視点を使用しながら，「トルコをEU に加盟させるべき？」を単元末に考察する。

2 展開と指導の流れ

(1) ヨーロッパはどうして戦争が多い？
～戦争の背景を歴史・文化・自然環境の視点で読み解く～

　Jordi Colomer 氏作成の「世界の戦争1,000年の歴史」の動画から，長い年

月，ヨーロッパでは多くの戦争が起きてきたことを理解する。

Q 発問 なぜヨーロッパでは戦争が多いのだろうか？

T「ヨーロッパの地図からこの問題について考えましょう」

S「ヨーロッパは他の国と陸続きになっているから戦争になりやすい！」

S「しかもいろいろな国が狭い場所に集まってるね！」

S「教科書の資料でキリスト教でも違う宗派だということも関係してる？」

T「みんなが言ってくれた通りで，ヨーロッパは他国と地続きで，平原が多く，他国との接触が起きやすいです。加えて多様な民族や宗派の人々が狭い地域にくらすので，民族間の争いも起きやすいのです」

(2) ヨーロッパで戦争はなぜ減ったのか？
～EUの長所を経済や政治の視点で考察する～

前回の動画を授業冒頭でもう一度視聴させ，1945年以降はヨーロッパ内の戦争が減少していることを確認する。

T「ヨーロッパで戦争が減少した要因は教科書に2文字でのっています」

S「EUという組織をつくって協力して発展しようってことが書いてある！」

T「その通り。EUはどんなものか，○×クイズで確認しましょう！」

クイズ

①運転免許証はどこの国でも有効

②加盟国国民はどこの国へも移住可能

③加盟国すべてがユーロを使用している

④他の国でも働くことができる

⑤輸入品に関税がかからない

⑥他国の大学で卒業資格が取れる

⑦国境を越える時，パスポートがいらない

A 答え ①○　②○　③×　④○　⑤○　⑥○　⑦○

クイズと, 他国 (日本, アメリカ, 中国) と EU の面積・人口・GDP 比較のグラフから, EU としてまとまるメリットを考えさせる。まとまることで, 経済的な利益や, 世界への影響力が高まることを確認する。

⑶ EU の農業と工業～EU の短所を産業の視点から考察する～

ヨーロッパの農業や工業を説明し, 農工業はともに EU 内で分業が行われていることを確認した後, EU の農業・工業における課題をまとめさせる。

❓考えよう EU の農業・工業の課題は？

S 「東ヨーロッパの国々は賃金が安いから, 工場が移転しちゃうかも」
S 「安くで働く移民がきてくれるのはいいけど, 治安が悪化するかも」

⑷ トルコを EU に加盟させるべき？ ドイツの立場から考えよう！

EU の長短をまとめさせ, 以下の資料からこの問題を考えさせる。

	トルコ共和国	ドイツ連邦
面積	約78万km² (日本の2倍)	約35万km²
人口 (2019年)	約8,200万人	約8,300万人
宗教	イスラム教徒が大部分を占める	約60%がキリスト教徒 カトリック　　29.9% プロテスタント　28.9%
名目 GDP (2018年)	約7,841億ドル (世界19位)	約4兆ドル (世界4位)
平均月給 (2017年)	約550ドル (約6万円)	約2,400ドル (約27万円)
失業率 (2018年)	11.0%	3.4%
外国人観光客数 (2017年)	約4,580万人	約3,890万人
農地面積	国内の約50%	国内の約48%

(外務省 web サイト, UNWTO 発表データ, NUMBEOweb サイトより作成)

S「私たちはトルコの EU 加盟に賛成です。トルコは多くの観光客が訪れる
　ため，EU 圏内にも観光客が訪れ，EU の経済が潤うと思うからです」
S「私たちはトルコの EU 加盟に反対です。トルコはイスラム教徒が多く，
　キリスト教徒が多い EU 諸国とは合わないと思うからです。トルコは失
　業率も高く，移民が入ってくることで，治安の悪化が考えられます」

3　プラスαの展開例～多面的だけでなく，多角的にも考察～

　EU のデメリットを考えさせる際は，イギリスの EU 脱退のニュースや新
聞などを使い，考察させることも可能である。また今回はドイツから見た
トルコの EU 加盟について考えたが，時間的な余裕があれば，フランスから見
た場合などドイツ以外の国からトルコの EU 加盟についての是非を問い，多
角的な考察を行う授業展開も考えられる。

★ 実践のポイント ★

　単元内の各授業で EU の長短を様々な見方から考察させる。最後の授
業では，この見方を活用し社会問題を考察できるよう資料を提示してい
る。資料を根拠に意見できることは，これまでに獲得した見方・考え方
を活用している証拠である。社会問題に意見できるよう，EU の長短を
まとめさせるなど，各授業内容を定着させると，社会問題に対して言及
しやすくなるだろう。

（玉木　健悟）

【参考資料】
・河原和之『100万人が受けたい「中学地理」ウソ・ホント？授業』明治図書，2012年
・UNWTO（https://www.unwto.org/）2020年3月8日閲覧
・NUMBEO（https://www.numbeo.com）2020年3月8日閲覧
・外務省ホームページ（https://www.mofa.go.jp）2020年3月8日閲覧

4 アフリカ

ルワンダの奇跡に学ぼう！
～中央アフリカ共和国の貧困分析～

「主体的・対話的で深い学び」のポイント 👉

・アフリカに貧しい国が多いことに疑問をもち，その理由を多面的に考察する。

・中央アフリカの貧困の改善案をグループで多面的・多角的に考える。

1 「地理的な見方・考え方」を鍛える授業デザイン

(1) 単元末に地球的課題を含んだ社会問題の設定

「主体的・対話的で深い学び」は，単元全体で行われるものである。また今回の学習指導要領で世界の諸地域学習において地球的課題の視点が導入された。地球的課題を含んだ社会問題を単元末に設定し考察できるよう「見方・考え方」を獲得させていく。

(2) 前単元「ヨーロッパ州」とのつながり

「見方・考え方」を鍛えるためには，繰り返し学ぶ機会が必要である。前単元で獲得した視点を活用し考察できるよう，各授業をデザインする。

2 展開と指導の流れ

(1) どうしてアフリカには貧しい国が多いのか～自然環境編～

2015年，世界の地域別貧困率（１日あたり1.90ドル未満で生活）は世界全体では約10％である。サブサハラ・アフリカ地域では41.1％になっている。

Q 発問 どうしてアフリカには貧しい国が多いのだろうか？

T 「地図帳をみて，自然環境の視点から考えましょう！」
S 「台地が多いから川が急？」
S 「ヨーロッパのゆるやかな河川とは真逆だ！」
S 「砂漠が広がっているから農業がしにくい？」
S 「内陸にある国も多いね」
S 「交通が不便だから貿易がしにくいし，お金もうけしにくいのかな？」
T 「アフリカの地形や気候がアフリカの貧困と関わっていますね」

(2) どうしてアフリカには貧しい国が多いのか～歴史・文化編～

　サッカーフランス代表の写真を提示，どこの国の代表か考えさせる。ヨーロッパの国なのに，アフリカ系（黒人）の人が多いことに気づかせ，植民地や黒人奴隷の説明，国の発展に重要な世代が奴隷とされたことを説明する。

Q 発問 植民地時代に国境が勝手にひかれたアフリカで起こる問題は？

S 「うーん，難しいな。ヒント！」
T （アフリカの民族分布図を提示する）
S 「同じ国内にいろんな民族がいる！」
S 「民族が違えば，ヨーロッパで習ったように，国内で戦争が起きやすくなるのでは？」
T 「内戦で国内は荒れ，経済発展は難しい状況でした。ヨーロッパ諸国の植民地化・奴隷貿易は，アフリカ発展の大きな妨げになりました」
　内戦例とし，「ルワンダの涙」の予告編を見せ，ルワンダ内戦を説明する。

(3) どうしてアフリカには貧しい国が多いのか～経済・産業編～

　はじめにアフリカの輸出品を読み取らせ，農産物・鉱産資源が多いことを確認する。

A答え 3〜9円（映画「おいしいコーヒーの真実」の予告編より）

T 「農産物の輸出に頼るとなぜアフリカの貧困につながるのでしょう？」
S 「不作だと収入がない」「先進国に安く買われるからもうけが少ない」
T 「アフリカの農家を助けるために，フェアトレードなどが注目されています」

Q発問 農産物だけでなく，アフリカ諸国は鉱産資源の輸出量も多い。だがこの鉱産資源がかえって貧困を起こしている場合がある。なぜ国を豊かにするはずの鉱産資源が貧困につながっているのか？　次の絵を見て考えよう！

　民族間の紛争と鉱産資源の奪い合いで，さらなる紛争が起こっている。これらは紛争鉱物とされ，先進国を中心に輸入を規制していることを説明する。

⑷ 発展に成功したアフリカの国！〜ルワンダの奇跡〜

Q発問 どうしてルワンダは急速に発展できたのだろうか？

　パソコンで勉強している子どもたちが描かれた紙幣を提示し，ICTによる経済発展，先進国の技術・資金援助，民族ではなく国民として統合したことなどにより発展をとげたことを確認。

⑸ 中央アフリカ共和国の貧困を分析しよう！

　中央アフリカ共和国は最貧困の国の一つだ。この国の貧困分析をし，貧困改善のため先進国・当事国・他のアフリカ諸国ができることを考えさせる。

| 面積：約623,000k㎡（日本の1.7倍）　人口：約467万人 |
| 民族：バンダ族，バヤ族，サラ族，サンゴ族など |
| 農業：綿花（めんか），コーヒー，タバコ |
| 鉱業：ダイヤモンド，金 |

宗教：伝統的宗教（24％）／カトリック（25％）／プロテスタント
（25％）／イスラム教（15％）／その他（11％）

※中央アフリカ共和国の年表を提示してもよい。　　　　（外務省ホームページより）

〈生徒の意見例〉

　この国の貧困原因は産業と民族にあると考えられる。またこれらの貧困を
そもそも生み出したのは，植民地化が関係している。だから先進国が積極的
に技術・資金協力をするべきだと思う。またAUの連携を強め，アフリカ
全体で，アフリカの平和を考えていくべきだと思う。

3　プラスαの展開例〜よりくわしく，より身近にする手立て〜

　インターネットで調べるなどの活動や，アフリカの貧困のために自分がで
きることは何があるのかを考えさせる活動などが考えられる。

★ 実践のポイント ★

　単元末の中央アフリカの貧困改善プランを書くためには，具体的な成
功事例の学習が不可欠である。ルワンダの政策や先進国の取り組みなど
できるだけ時間を取って学習させることが必要である。

（玉木　健悟）

【参考資料】
・河原和之『100万人が受けたい「中学地理」ウソ・ホント？授業』明治図書，2012年
・The world Bank （http://www.worldbank.org）2020年３月13日閲覧
・外務省ホームページ （https://www.mofa.go.jp）2020年３月13日閲覧

5 防災・減災

「おもい」をつなぐ
～東日本大震災の教訓から～

「主体的・対話的で深い学び」のポイント 👉

- 自分が当事者になった場面を想定し，判断をすることで災害の事例を追体験する。
- 過去の災害から学び，自分の住む地域の「減災」の取り組みについて考察する。

1 「地理的な見方・考え方」を鍛える授業デザイン

(1) 過去の災害を追体験

　災害の中でも今回は，東日本大震災を事例に取り上げる。地震が起こった時，考えておかなければならないことは，二次災害の危険性である。様々な二次災害を想定した上で，「どこに避難すればよいか」を考える必要がある。想定外の大地震であった東日本大震災の事例を追体験することで，何が起きるか簡単には予測できない状況下で判断をすることの難しさに気づき，日頃から「減災」に取り組むことの大切さを実感することができる。

(2) 自分の住む地域の「減災」の取り組み

　防災教育で大切なことは，過去の災害を知るだけでなく，これから起きる災害の被害を少しでも減らすために，学んだことを実生活にいかすことである。復興への取り組みや「減災」の取り組みの事例を学び，自分の住んでいる地域に取り入れられることを考えることが重要である。

2　展開と指導の流れ

(1) 学校で地震が起きたら……

　地震発生後に起こりうる二次災害について考察する。「津波」「土砂災害」「火災」「余震」など，状況によって何が起こるかわからないことに気づかせる。

> **?考えよう**　あなたの学校は地震や津波が起きた時の避難場所だ。ハザードマップでも安全地域だ。普段の避難訓練では地震が起きれば校庭に避難することになっている。ある日，地震が起き，校庭に避難した。すぐに保護者が迎えにきたり，近所の住民たちが避難しにきたりした。校庭は大勢の人が集まり大変な騒ぎだ。そんなとき，大津波警報が発令された。あなたはどこに避難するか？
> 　　　①避難場所に指定されている学校に残る
> 　　　②木が生い茂る学校の裏山に登る
> 　　　③橋の近くの堤防より高い所に避難する
> 　①〜③のどれかを選び，理由を書こう。

　「津波」以外の二次災害も同時に起こるかもしれないことを想定しながら考察する。授業では，生徒たちの多くは③を選び，次に①，最後に②となった。

(2) グループで避難場所の決定

> **?考えよう**　今から避難場所を決める。班で話し合って，どこにするか決める。時間は5分だ。

T「話し合った結果，選んだ場所と理由を発表しましょう」

S「私たちの班は，①の学校を選びました。理由は，そもそも避難所である

し，避難してきた住民もいるので安心感があるからです」

S「私たちの班は，③の，橋の近くの堤防より高い所を選びました。理由は，
　　津波は高い所に逃げるのがいいからです。学校よりも高いところにある
　　③の方が安心です」

T「高さなら②の裏山の方が高いですが？」

S「裏山は木がたくさん生い茂っていて土砂災害が心配です」

S「私たちの班は，意見が割れて決められませんでした。①は平地で低い所
　　にあるし，②は高い所だけど土砂災害が起こらないとは限りません。し
　　かし，③は堤防が決壊する危険性もあります」

T「この事例は，実は本当にあった学校の話です」

　東日本大震災で多くの犠牲者を出した石巻市立大川小学校の説明をする。

　授業では，③を選んだ班が一番多く，残りは①を選んだ班と決められなか
った班に分かれた。実際は②の裏山だけ津波で流されなかったのだが，選ん
だ班はなかった。

　実際の大川小学校では，大津波警報の発令から50分も悩み，③に避難しよ
うとしたところ津波に飲み込まれた。当時，この「50分」という時間に長す
ぎたという批判があったが，授業で生徒たちが「決して長くはない。グルー
プで5分考えたがもっと時間がほしかった」と言ったことが追体験の価値だ
と実感した。

(3) 大川小学校と門脇小学校の比較

> **？ 考えよう** 大川小学校は裁判で「過失」が認められた。なぜ，認めら
> れたのか。

S「どこに避難するか，私たちも相当悩んだ。こんなの判断できないよ！」

S「確かにすぐに判断するのは難しい。もっと時間がいる」

S「日頃からどこに避難するか考えているぐらいでないと判断できないね」

S「そうか。日頃から二次被害まで想定して避難訓練をしていれば，こんな

に被害を出すこともなかったのかも」

T「そうです。過失が認められた理由は，二次被害を想定した避難訓練がなされていなかったためです」

　そこで，石巻市立門脇小学校では，石巻市立大川小学校と当時の状況がほとんど同じだったにもかかわらず全員が助かった事例を取り上げ，比較をすることで門脇小学校が二次被害を想定した避難訓練を日頃から行っていたことに気づかせる。

3　プラスαの展開例〜自分の地域に合った「減災」の取り組み〜

　地域の地理的条件の違いにより，想定される災害に違いがある。自分の地域はどんな特徴があるかを調べ，災害に備えて対策を考えることが大切である。その時，参考になるのが，過去の災害の後どんな取り組みが行われてきたのかである。「自助」「共助」「公助」の視点から自分の地域に取り入れられる取り組みを考えることで，未来の災害に備えることができる。

実践のポイント

　グループで話し合う時間を5分という短さにした理由は，当事者になった場合，素早い判断を求められるが，命がかかっている大事な判断を簡単にはできない難しさに気づかせるためである。過去の災害の事例を追体験することで，生徒たちが「減災」の大切さに自分から気づくことができる。また，災害があった地域で現在行われている「減災」の取り組みから，自分の地域に取り入れられることを考えることで，授業で学んだことと実生活とを結びつけることができる。

（福井　幸代）

蛇口から○○クイズ
～クイズを通して地域の特色をつかむ～

「主体的・対話的で深い学び」のポイント

・クイズという方法で行うユニバーサルデザインの授業。
・「なぜ」という視点から社会的認識を深めていく。

1 「地理的な見方・考え方」を鍛える授業デザイン

(1)「ユニークな蛇口」から地理的特色へとつなげる

「蛇口から水ではなくてジュースが出たら！」そんな夢をかなえてくれる取り組みが全国各地で行われている。もちろん「青森県ならりんご」といったような，その地域の特産物と関わりのあるものである。逆に考えると，蛇口から出るものを切り口に，その特産物はどこの地域のものかを当てるクイズが可能である。クイズを通して地域的特色を学ぶ学習へつなげたい。

(2) 意外な事実から「なぜ」へ深めていく

香川県では蛇口から「うどんダシ」が出る場所がある。香川といえば「うどん県」であるが，「なぜ香川はうどんが有名なのか」と学びを深めることができる。そこを切り口として，四国讃岐地方の地域的特色を浮き彫りにしていく。クイズをただの「お楽しみ」にせず，「なぜ」と深めることのできるきっかけにしていきたい。

2 展開と指導の流れ

(1) 蛇口から○○クイズ

クイズ 次の①〜⑨は，どこでみられるか。

蛇口から　①ポンジュース　②りんごジュース　③ぶどうジュース
　　　　　④トマトジュース　⑤うどんダシ　⑥タマネギスープ
　　　　　⑦お茶　　　　　⑧炭酸水　　　　⑨泡盛

A 答え ①愛媛県　②青森県　③山梨県　④愛知県　⑤香川県
　　　　　⑥淡路島（兵庫県）　⑦静岡県と京都府　⑧大分県　⑨沖縄県

T 「なぜこれらのものが蛇口から
　出るのでしょう」

S 「その地域で有名だからじゃな
　いかな。特産品とか」

S 「ポンジュースは愛媛のみかん
　が有名だから。瀬戸内の気候
　だね」

S 「りんごジュースやぶどうジュースも特産物。扇状地が関係している」

S 「タマネギも淡路島のものがスーパーに並んでいるよ。架橋により交通の
　便がよくなったから近郊農業ができるんだね」

T 「トマトジュースは有名な会社が愛知県にあるからです」

S 「カゴメだ！」

T 「カゴメの創業者である蟹江一太郎が栽培事業をはじめたとされる東海市
　では，トマトジュースでの乾杯条例があるほどトマトジュースに市全体
　で力を入れています。では愛知県はトマトの生産量全国何位？」

S 「そりゃ1位でしょ！」

T 「平成30年度は全国3位で，1位の熊本県の3分の1程度でしたが『ファーストトマト』というブランド化に成功し，施設園芸農業によって日本有数の農業県になっています」

S 「うどんダシは香川県だね。水不足の四国で，なぜうどんが有名なの？」

T 「水不足への対応として早くから小麦の栽培に着手していました。そこに瀬戸内名産の塩，しょうゆ，いりこダシが合わさり，名物になりました」

S 「不利な地理的条件をむしろ好転させた例なんですね」

T 「お茶は静岡と京都ですが，これはどうしてでしょうか。京都は室町時代，静岡は明治時代がヒントです」

S 「お茶を飲むのはやっぱり武士や貴族が多いから，宇治でつくったのかな」

S 「まさに近郊農業だね。この時代からやっていたのか」

S 「明治時代といえば文明開化だね。もしかしたら仕事が変わったのかも」

T 「明治維新によって大井川などに橋が架かり，川越人足の失業者対策としてはじまったようです。このように，日照時間などの条件のみならず，歴史的なつながりも影響しているのですね」

T 「沖縄県は泡盛で有名ですが，使用している米は日本米ではなく中国や東南アジアから輸入したものを使用しています」

S 「まさに中継貿易だ！ 立地的にアジアとの関わりが強いんですね」

3 プラスαの展開例〜公民的分野の授業で乾杯条例〜

クイズ 次の①〜⑨の光景は，どこでみられるか。

最初の乾杯は ①日本酒 ②泡盛 ③梅酒 ④焼酎 ⑤ビール

⑥ワイン ⑦牛乳 ⑧トマトジュース

⑨なんでもいいけど有田焼で

Ⓐ**答え** ①京都府伏見区など多数　②沖縄県与那原町
　　　③和歌山県田辺市　④鹿児島県いちき串木野市
　　　⑤北海道恵庭市　　⑥北海道富良野市など多数
　　　⑦北海道中標津町　⑧愛知県東海市　⑨佐賀県有田町

　条例とは地域に根づいたものであり，私たちにとって身近なものであると生徒は理解することができる。地理と公民との融合として捉えることができる。

★ **実践のポイント** ★

　クイズそれ自体は，ただの「お楽しみ」に過ぎないが，そこから「なぜ」という問いかけをしていくことで充分に学習内容を深めていくことができる。それは「私も一言言わせて！」と思えるような，学力差のない，ユニバーサルデザイン化した授業であると言える。そして深めていく過程において子どもたちの中で，地理の学習の中で歴史的分野の既習内容が結びついたり，関連づけたりすることが，多面的・多角的に考える上で大切なのである。

　地理的分野は「ネタ」になるヒントがあふれている。「ご当地 UFO キャッチャー」「ご当地ポテトチップス」「ゆるキャラをつくろう」「ご当地怪獣を考えよう」など，様々な「ネタ」を通して主体的・対話的で深い学びを展開していくことが可能である。

（行壽　浩司）

7 中国・四国，近畿地方

大阪府の人口減少を止めるための政策は？
〜「人口」を中核に中国・四国，近畿地方を考察する〜

「主体的・対話的で深い学び」のポイント 👉

・中国・四国地方と近畿地方を一単元とし「人口」の観点から学習する。
・「単元を貫く課題」を最初に提示し，中国・四国地方で学んだ人口減少（過疎化）に対する「見方・考え方」をはたらかせてグループで協働して考察させる。

1 「地理的な見方・考え方」を鍛える授業デザイン

(1) 中国・四国地方の過疎化対策

　この地方では過疎化が深刻な問題となっている。この問題への具体的な取り組みを主に「3つの視点」から考察させる。

(2) 中国・四国地方の過疎化対策を大阪府にあてはめる

　大阪府の人口は2010年の約887万人をピークとして減少してきており，2045年には約733万人にまで落ち込むと予測されている。この問題に対する具体的な政策を「3つの視点」から，教師が具体的な政策を提示し考察する。

2 展開と指導の流れ

(1) 過疎化対策の「3つの視点」（Ⅰ〜Ⅲ）

Ⅰ　地域おこし
①産業：地域の草花を「つまもの」として販売（徳島県上勝町）

②観光：「ゲゲゲの鬼太郎」を前面に出した「水木しげるロード」（鳥取県境港市）

③ビジネス：IT企業の誘致（徳島県神山町）

Ⅱ　移住キャンペーン

Ⅲ　インフラ整備：山陽新幹線・中国自動車道・本州四国連絡橋の整備

T　「徳島県上勝町では，生産農家と取引先（企業，料亭など）とをつなぐ企業があります。秋の桜や青いもみじなど，市場のニーズに応えられないといけません。専門的な知識と長年の経験をもつ高齢者こそが活躍できるのです」

❓考えよう　「水木しげるロード」は，境港市が地元の商店街を整備したものだ。観光客を誘致するためにどのような工夫が行われているか。

S　「今年の夏休みに行きました！　妖怪のブロンズ像がたくさんありました！」

S　「お店ごとにオリジナルの鬼太郎グッズを販売している」

T　「パン，コップ，シャツ，玩具など人気グッズが盛りだくさんです！」

S　「キャラクターショーがある」

T　「踊ったりはしませんが，気軽に写真を撮ったり，触れ合うことができます」

S　「インスタ映え間違いなし！（笑）」

T　「徳島県神山町は，2005年に町全体に高速ブロードバンドを整備し，2020年現在16のIT企業がオフィスを構えています」

S　「そうか，IT企業はネット環境さえ整っていればどこでも仕事ができる！」

T　「さらに，企業の社長らが発起人となり，『起業家』を育成し，過疎化の課題解決策を学べるような工業高等専門学校を開設予定です」

S　「過疎地域で産業や教育が活性化するのはすごいな」

(2) 大阪府で実施すべき人口減少対策

T 「中国・四国地方で学んだ過疎化対策の『3つの視点』を大阪府に当てはめると，次のような対策が考えられます」

I 　地域おこし

①産業：高い技術をもつオンリーワン企業，トップシェア企業の増加

②観光：世界遺産に登録された百舌鳥・古市古墳群のアピール

③ビジネス：夢洲へのIR誘致

Ⅲ 　インフラ整備：関西国際空港に第三ターミナルの建設

S 「ニュースで，大阪から東京に移転する企業が増えていると聞いた」

S 「でも，大阪には小さくても，世界でその企業しかつくれない製品を開発した企業もあると学んだよ」

T 「そんな企業が増えれば，移転が減り人口の流出を防げるかもしれません」

S 「百舌鳥・古市古墳群は大阪府で初めての世界遺産となりました」

T 「夏休みに大仙陵古墳の周辺を歩いてきました。小さな古墳（陪塚）にも解説パネルが設置され，外国人観光客のために英文の解説もありました。古墳の正面ではボランティアガイドが丁寧に解説してくれました」

S 「観光客の増加には対応できそうだけど，今後減少していかないか心配」

T 「IRについては，開業すれば年間6,300億円の経済効果があり，府の税収は年間2,500億円増加すると大阪府は試算しています」

S 「カジノで一攫千金できるかもしれないし，夢があって素敵」

S 「でも，負けて借金をする人は，生活が破たんしてしまうかもしれない」

S 「借金がある人はカジノに入れないようにする！」

S 「それは人権問題では」

T 「関西国際空港では，2012年に開業した第二ターミナルにLCC（格安航空会社）が就航しています。大阪は世界で人気の観光都市です」

S 「第三ターミナルができたら，もっと観光客が増えて，大阪の経済が活性化するかもしれないね」

S「でもこの前，京都では観光客が増加しすぎて渋滞・騒音・ゴミのポイ捨てなどのオーバーツーリズムが問題になっていると聞いたよ」

> **❓考えよう** 3つの政策の中で，大阪府の人口減少を止めるための「最も効果的」な政策を選んで班で評価しよう。

〈A班の解答〉

　私たちが選んだ最も効果的な政策は，ビジネスです。理由は2つあります。

　一つ目は，再開発した土地にトップシェア企業などを呼びこむと，人が集まり，街が活性化するからです。2つ目は，IRが開業すると，住む人だけでなく観光客もたくさん来て，経済力が上昇するからです。

　この政策の課題は，多くのお金が必要になることです。この解決には，**移住キャンペーンを実施し，人を増やしてお金を集めることが重要だと思います**。

3　プラスαの展開例〜定期テストで深める学び〜

　この単元の定期テストに，先述のA班の解答を引用して次のような問題を出題した。

> **Ｑ発問** 下線部について，どのような移住キャンペーンを実施すればよいか。あなたが考える最も実現可能な政策を具体的に答えよう。

　「移住者にUSJの年間フリーパスをプレゼントする」「移住者の住民税を3年間半減する」などの解答があり，多くのアイデアが考察されていた。

⭐ **実践のポイント** ⭐

　　地方の過疎化問題と自分が住んでいる地域の人口問題を同じ「見方・考え方」をつかって考察させると，生徒の学びを深めることができる。

（前田　一恭）

文化財保護か利便性か
～京奈和自動車道に賛成？　反対？～

「主体的・対話的で深い学び」のポイント 👉

・文化財，景観保護と利便性とが対立する題材で，見方・考え方を鍛え，意思決定する学習を行う。

1 「地理的な見方・考え方」を鍛える授業デザイン

(1) 学んだ「見方・考え方」を生かす「日本の諸地域」の学習

　各地方の内容をバラバラに教えるのでなく，主題を決め，主題に沿った授業をデザインする。そして，先の地方で学習した見方・考え方を，次の地方の学習にいかすことで，見方・考え方は鍛えられていく。下の図のようなイメージで，既習事項を応用し，新たな見方・考え方を学習していく。

(2) 価値判断，意思決定学習

　社会で起こる論争問題を題材にする。そうすることで，内容を理解するだけでなく，情報を分析し，自身の立場を決め，議論する力を養う。価値判断・意思決定の学習である。

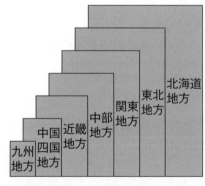

「見方・考え方」を鍛えるイメージ

2　展開と指導の流れ

(1) 文化財保護と景観保護

　奈良市のイトーヨーカドーが2017年に閉店し，2018年から「ミ・ナーラ」が開店した。

> **クイズ** 他のショッピングセンターにあって，この施設にないものは何？

S「駐車場？」「レジがないんじゃない？」
T「正解は，地下がありません」

> **Q発問** どうして地下がないんだろう？

S「建設費が高くなるから？」
S「地下に何かあるんじゃないかな？」
T「そうです。奈良には昔，何がありましたか？」
S「平城京」
S「そうか。昔の大事な資料や遺跡が残っているんじゃないかな」
T「その通り。奈良市の地下には，まだまだ発見されていない文化財（木簡）がたくさん眠っていると言われています。その文化財は，その時代を私たちに伝えてくれる貴重なもので，一度壊れると二度と元には戻りません」

> **クイズ** 奈良市で建物を建てる時に，守らないといけない決まりは何？

S「地下をつくってはいけない」
T「正解は，高さ制限です。他にも，場所によって，様々な制限があります」

⑵ 京奈和自動車道について考える

　近畿地方の単元で学習した文化財保護，景観保護の観点，中国四国地方の単元で学習した交通網の発達と社会への影響の観点を用いて，論争問題について考える。

　現在，大阪を通らずに，京都市・奈良市・和歌山市を結ぶ高速道路である「京奈和自動車道」の建設が進んでいる。この建設のメリット・デメリットを整理し，「京奈和自動車道の建設に賛成するか」という題材で討論を行う。

　京奈和自動車道に関する基本的な情報と，関連する資料を提示し，論争問題について考える。

> **❓考えよう** 京奈和自動車道は，建設を続けるべきだろうか？

　京奈和自動車道に関する，メリット・デメリットは，例えば次のようなものがある。

〈メリット〉

・大阪を通らないので，移動時間が短縮される。
・奈良県の渋滞が少なくなる。
・渋滞を避けて小道を走る車の事故を減らすことができる。

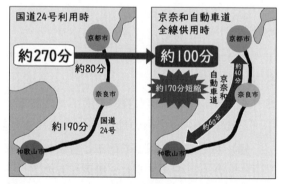

・渋滞が減ると，ガソリン代を節約でき，排出ガスを減らすことができる。
・移動が便利になると，たくさんの人が集まり，地域が活性化される。

〈デメリット〉

・世界遺産である「平城宮跡」の地下を通る案の場合，地下にある文化財（木簡）に深刻な影響が出るかもしれない。
・世界遺産の文化財に悪影響が出ると，観光客が減る。

・建設費用が高い。

・京都市と和歌山市を結ぶと，奈良市で宿泊する人が減る。

　次の手順で，学習を進める。

---

①個人で立場を決め，理由を考える

②グループで意見交換し，グループの意見を決める

③クラス全体に発表し，討論を行う

④個人で意見文を作成し，投票を行う

3　プラスαの展開例〜真正の学習に近づけるアイデア〜

　この学習を，真正（本物）の学習に近づける方法として，次の2つを紹介する。一つ目は，実際にこの地域の住民や，建設会社，行政へのインタビューを行うことである。インタビューによって，リアリティーのある学習になる。もう一つは，学習の最後に，子どもたちの意見文を，外部の大人に提出することである。そうすることで，地理の学習が学校のテストを超えて社会に影響を与えることになり，より真正の学習に近づく。

★実践のポイント★

　意外性のあるクイズで子どもたちをひきつけ，そこから社会問題を考えさせることで，楽しく深い学習になる。

（梶谷　真弘）

「平成狸合戦ぽんぽこ」からみるニュータウン ~多摩ニュータウンを題材にして~

「主体的・対話的で深い学び」のポイント 👉

・関東地方におけるニュータウン開発計画の光と影を考える。
・映画「平成狸合戦ぽんぽこ」と映画「耳をすませば」から，多面的・多角的に考察する。

1 「地理的な見方・考え方」を鍛える授業デザイン

(1) ニュータウンと人口

　関東地方の切り口として「人口」に着目し，都心と郊外との人口の流れの違いや，過密における都市問題を扱う。高度経済成長期ごろの都市郊外におけるニュータウン化計画をテーマに学ばせたい。

(2) 映画「平成狸合戦ぽんぽこ」と映画「耳をすませば」

　映画「平成狸合戦ぽんぽこ」は1994年にスタジオジブリが公開したアニメ映画であり，多摩ニュータウン開発計画によってすみかを奪われていく狸が主人公である。一方の「耳をすませば」は翌年1995年に公開した多摩ニュータウンにて展開される中学生の恋愛ストーリーである。２つのジブリ作品を比較することで，ニュータウン開発における「光と影」を考察する。

(1) コミカルな描写とリアルな描写

　可愛らしい狸たちが擬人化し，自分たちのすみかを守るため，開発工事を妨害しようとするストーリーとして描かれている。妨害には「化学（ばけがく）」という術を用いて，ある時は工事に携わる作業員を，ある時はそこに住む住民を脅かしていくが，結局事態は変わらず開発工事は進んでいく。さらに狸たちは開発に伴う食糧難の問題を抱えており，食料を求める過程で人間の仕掛けた罠にかかったり，車にひかれて命を落としたりしてしまう。基本的には二足歩行の擬人化した狸として描かれているが，時折四足歩行のリアルな狸として描かれるシーンがあり，そこで視聴者は現実に引き戻され，はっとさせられる演出がなされている。

　物語終盤には機動隊と狸たちとの全面対決が行われるが，狸たちは戦いの末敗れてしまう。リアルな四足歩行の狸たちの死骸が山積みにされている。妖怪に変化した狸たちもトラックにひかれ，命を落としてしまう。「トホホ，人間には，かなわないよ」とコミカルな姿で言った後，リアルな狸の死骸が横たわる。残された狸たちは最後の力を振り絞り，ニュータウン開発がされた街並みを昔の姿に（幻覚の中で）戻す。幻覚の中にかつての幼いころの自分を見出すが，そこに駆け寄ると幻覚が解け，むき出しになった山肌と，新しく移り住んできたであろう親子の姿があった。「まだいたんだねぇ。狸がこんなところにも」と言う親子。狸たちの必死の抵抗とは裏腹に，お構いなしに進んでいく開発。

　ラストシーンはゴルフ場で仲間たちと触れ合う様子で終わる。「あの，テレビや何かで言うでしょう？『開発が進んで，狐や狸が姿を消した』って。あれ，やめてもらえません？」「そりゃ確かに狐や狸は化けて姿を消せるのもいるけど。でもウサギやイタチはどうなんですか？　自分で姿を消せます？」と，最後に視聴者へ問いかけ，エンドロールに入る。背景は開発され

た都市の夜景である。

⑵「ぽんぽこ」のその後として描かれている「耳をすませば」

「平成狸合戦ぽんぽこ」を授業の中で視聴すると，みなその名作に感動している。「いい映画だった！」と感想を述べる生徒もいる。おそらく感想用紙を配布して感想を書かせると，自然破壊に対しての反対意見と動物愛護についてほとんどの生徒が書くであろう。「きれいごと」で終わらせないためにも，ここでもう一つ，生徒に揺さぶりをかけたい。

T 「この映画には続きがあります。有名なジブリ作品ですが，何だと思いますか」

ここで映画「耳をすませば」のオープニングを流す。実は「平成狸合戦ぽんぽこ」のエンディングに流れている夜景の描写と「耳をすませば」のオープニングに流れている夜景の描写はほぼ同じであり，「平成狸合戦ぽんぽこ」が多摩ニュータウン開発過程を描いた作品であるのに対し，翌年に公開された「耳をすませば」は，その後多摩ニュータウンに移り住み，日常生活を送る人々を描いた作品なのである。ニュータウンの開発がなければ「耳をすませば」に描かれているような日常はあり得なかったであろう。

> **❓ 考えよう** ニュータウン開発計画の「光と影」は何だと思うか。グループで話し合おう。

S 「『影』としてはやはり自然破壊だと思う。人間側の身勝手な都合で開発を行っているから」

S 「動物たちのすみかを奪っている。共存というか，持続可能な開発っていうのはやはり考えていかないといけないと思う」

S 「『緑に囲まれた』とか，『自然豊かな』というのは，都会で人ごみに疲れた人たちにとっても魅力的だろうと思う」

S 「『光』としては人々の生活が豊かになった，ということ」

S 「住むところがないと働きに行くのも困るし，ニュータウンのように計画

的に開発したことは，むしろ自然を保護したとも言えるのではないか」

3 プラスαの展開例〜行動経済学「ロックイン」〜

「耳をすませば」の舞台は，京王線の通っている聖蹟桜ヶ丘駅周辺である。ニュータウンに住む人々は交通の便がいいと感じ，通勤通学に利用している。これは行動経済学で言う「ロックイン」であり，「京王線に乗る」という行動パターンに固定化されているとも言える。このようにニュータウンと交通の便とは関係性があることを踏まえると，ニュータウンに対して認識が深まるであろう。また，主人公の月島雫と天沢聖司が出会うきっかけとして重要な「手書きの図書貸出カード」は，バーコードによるデータ管理と，個人情報保護の観点から，現在は使用されていない。故に，「現在では2人の恋は実らないかもしれない!? どうして？」と生徒に質問してみるのも，授業が盛り上がるきっかけとなるかもしれない。そこから公民的分野では「情報化」と「プライバシーの権利」という学習内容につなげていきたい。

★ 実践のポイント ★

　生徒に意見を聞いた際，「自然破壊はいけないと思う」といったような，予定調和的な「おりこうさん」の答えばかりでは，学習に深まりがなく，そのような展開は価値注入的である。「平成狸合戦ぽんぽこ」によって自然破壊と動物愛護に十分にひきつけた後に「耳をすませば」を視聴することで，今一度生徒の価値判断を「ひっくり返す」ことにつながる。問題を単純化せず，「ネタ」によって学習をより一層深めていく展開にもっていきたい。

（行壽　浩司）

引っ越し PR 大作戦
～地域をみる視点づくり～

「主体的・対話的で深い学び」のポイント 👈

・自分の住んでいる市から，地域をみる視点について考察する。
・「様々な立場の人が住みやすいまちづくり」という観点から，「持続可能なまちづくり」について考察する。

1 「地理的な見方・考え方」を鍛える授業デザイン

(1) 引っ越しから考える地域をみる視点

引っ越しをする時，新居を探す時に考慮することは何だろうか。「どんな場所か」「近くに何があるか」「住んでいる人たちの様子」「電車や車など移動に便利か」など，様々な観点から探すだろう。これは，「土地」「建物」「人」「交通」などに加え「位置や分布」「場所」「人間と自然環境との関係」といった，地域をみる視点と同様である。多面的・多角的な視点からそれぞれの地区を比較・検証することで，地区ごとの特徴に気づくことができる。

(2) 様々な立場の人に配慮した持続可能なまちづくり

引っ越しを予定している人々を様々な年齢や立場から設定することで，一層，多面的・多角的な視点が広がり，深い学びが可能である。また，「現在世代」だけでなく，「将来世代」にも住みやすいまちづくりを考えることで，未来にもつながる持続可能なまちづくりを考察することもできる。

2 展開と指導の流れ

(1) 引っ越し PR 大作戦

　地理学習のはじめとして，自分の住んでいる市の様子について地域調査を行い，比較・検証することで，地域ごとの特色に気づかせる。

> **？考えよう** 枚方市に引っ越しをしたい人たちがいる。それぞれの立場の人におすすめの地区を PR しよう。

T 「みんななら引っ越しをする場合，どんなところをチェックしますか？」
S 「駅に近いかどうかをチェックする」
S 「周辺の環境かな。コンビニが近くにあるかとか」
T 「では，次の表で紹介する人たちにおすすめの地域を探しにいきましょう」

高齢者夫婦（男・女）
　昔ながらの雰囲気が残るところがいい。車もないし，長時間歩くのはしんどいので，近くに買い物をするところや病院などがあるといい。

地方から来たサラリーマン（男）
　自然豊かなところがあり，出かけるのが好きなので車や電車で出かけやすいところがいい。

大学生の一人暮らし（女）
　買い物が好きなので，服などが売っているショッピングモールが近くにほしい。大阪や京都など，大都市にもすぐ行ける場所だと便利。

(2) 地域調査の結果まとめ

　それぞれの地区を視点ごとに整理する。

　私の勤務校がある枚方市を，大きく３つの地区に分けてみた。枚方市の地図で，それぞれの地区の場所を確認しながら，視点を整理していく。

地区	枚方地区	樟葉地区	長尾地区
土地の様子	平らな土地 淀川沿い	平らな土地 淀川沿い	山の方 田畑が多い
建物の様子	市役所や大学付属の病院などが集まっている	ショッピングモールがある	自然豊かで大きな公園がある
人の様子	人の行き来が一番多い	買い物に来る人が多い	人の姿が少ない
交通の様子	京阪電車が近い バス・タクシーの発着点	京阪電車が近い （すぐ近くが京都）	JR，第二京阪道路が近い

S 「平地では，建物も多く，たくさんの人が行き来しているのがわかるね」

S 「駅の周辺には商業施設や住宅地が多いね」

S 「淀川沿いは昔，川を利用して人や物が行き来し，京街道として栄えたみたいだよ。今も当時の建造物が残っているね」

S 「淀川沿いに街が発展しているのは歴史とも関係が深そうだね」

(3) おすすめの地域を決めよう

　 考えよう　それぞれの立場の人におすすめの地区をグループでPRしよう。

例：老夫婦の場合

S「私たちのグループは『枚方地区』をおすすめします」

S「枚方地区は，近くに買い物するところや病院があるた
　　め，遠くまで買い物に行けない老夫婦におすすめです」

S「私たちのグループは『長尾地区』をおすすめします」

S「長尾地区なら，自然も多く昔ながらの家も多いので老夫婦の希望にぴっ
　　たりです」

T「相手の意見に反論はありませんか？」

S「枚方地区の近くにも，京街道があったので，昔ながらの家が多いです」

S「大型ではないですが，長尾地区にも，地域のための病院があります」

　以上のように，自分たちが地域調査で見てきたこと，調べたことを根拠に
自分の意見を決め，議論することが大切である。

3　プラス α の展開例〜未来のまちづくり〜

　議論を通して，それぞれの地区のよさや特徴そして課題も見えてくる。
「どうすれば，若い世代にもこの地域の魅力が伝わるだろう」と考えをふく
らませることで，これからのまちづくりをどのように進めていくかという未
来を見据えた視点をもつことにもなる。

実践のポイント

　引っ越しという切り口から，地域をみる視点である「土地」「建物」
「人」「交通」に注目させることができる。様々な立場の人物を想定する
ことで，世代や立場により地域に求めるものが違うことに気づく。議論
を通し，世代間の公平性を意識した未来のまちづくりを考えられる。

（福井　幸代）

第3章

主体的・対話的で
深い学びを創る
中学歴史授業モデル

なぜあんなに大きな大仏が必要だったのか？ ~人間，聖武天皇の苦悩~

「主体的・対話的で深い学び」のポイント 👉

・多くの庶民が竪穴住居住まいだった時代に，どうして聖武天皇が東大寺や国分寺などの大きな建造物を必要としたかを考える。

1 「歴史的な見方・考え方」を鍛える授業デザイン

(1) 聖武天皇の生きた時代の国内情勢と代表的思想

・自然災害が多発していた。国の情勢の不安は統治者の徳によるものであると考えられた。

・聖武天皇は天武天皇の「現人神」化政策に対して，その現人神の上に「仏」という存在を置こうとした。

・東アジアが不安定であり，外国の侵略に備えた北九州への「防人」の派遣をしていた。

(2) 聖武天皇の生きた時代の国際情勢

　律令制度や鑑真の来日をはじめ，奈良時代の日本は唐から学ぶという姿勢があった。それは，日本だけではなく東アジア全体がそういう風潮だった。

2 展開と指導の流れ

(1) 聖武天皇が出家したワケ

　聖武天皇は歴史上はじめて出家した天皇であると言われている。どうして

聖武天皇はそこまで仏を敬い，全国（現在の山形県から種子島）に七重の塔を含む国分寺を建立し，奈良に巨大な大仏を建立したのか。

> **？考えよう** 聖武天皇は，歴史上はじめて〇〇になったと言われる天皇だ！　〇〇に入る言葉を考えよう。

S「病気？　花粉症？」

T「答えは教科書にものっているお仕事です」

S「遣唐使？　お坊さん！」

T「正解！　聖武天皇がいかに仏教を大事にしていたかがわかります」

　聖武天皇が「歴史上はじめてお坊さんになった天皇」という歴史から「聖武天皇がなぜそんなに仏教に傾倒していたのか」という疑問が自然とわいてくることを目的とする。

> **？考えよう** 聖武天皇はなんのために仏の力に頼ったのだろう？

T「まずは，教科書から答えを見つけましょう」

S「『仏の力で国を治める』と書いてあるね」

T「そうですね。でも，みんなが，国を治めるとして，仏の力を使おうと思いますか？」

S「思わない」

S「今の総理大臣はお寺を立てたり大きな仏像をつくろうとはしないよね」

S「確かに。総理大臣が，『病気が流行っているので大きな仏像をつくります』なんて言ったら変だもんね。今とは違うんだね」

T「はい。奈良時代は『仏の力』が今よりもずっと信じられていた時代でした。実は聖武天皇が仏の力に頼ったのには理由があります。ところで，今のみんなはどんな時にお寺に行ったり神社に行ったりしますか？」

S「何かお願いとかお祈りをする時？　初詣とか，受験の時とか」

T「実は聖武天皇の時代，国に色んなよくないことが起こり，そのお祈りのためもありました。ちょっと今と似ていますね。じゃあ，聖武天皇が生

きた時代に起こった『よくないこと』を次から選んでみましょう」

A：「大地震」　　　　　　B：「大干ばつ（ものすごい水不足）」
C：「ききん（食料不足）」　D：「疫病（病気がはやる）」
E：「九州の海底火山の墳火」

S「AとB？」「Eはなさそうだね」
T「答えは全部です。それだけではな
　く，外国が攻めてくるかもしれな
　いピンチの時代でした。そのため
　に奈良時代に九州に行っていた人
　たちのことが教科書にのっていま
　す。何という人たちでしょう」
S「防人？」
T「そうです。自分の国の中だけでは
　なく，外国からいつ攻められるか
　わからないという不安もずっと聖
　武天皇の中にはあったんですね」

3　プラスαの展開例〜奈良時代クイズから奈良時代の国際交流を知る〜

クイズ 大仏殿に続く道の石には秘密がある。どんな秘密か。

A答え 外側からインド，中国，朝鮮，日本の石が使われている。

　昭和の改修で東大寺の参道には上の4種類の敷石が敷かれた。これは，仏
教が伝わった道を表している。

クイズ 奈良時代のなぞなぞ。「十六」と書いて何と読む？

A 答え しし（4×4）

　これは，奈良時代から九九があったことを表している。九九は中国から入ってきたそうである。

〈授業資料〉

西暦	聖武天皇が生きた時代の災害と，主な出来事	西暦	聖武天皇が生きた時代の災害と，主な出来事
701年	丹波地震，四国から関東にかけての風水害	734年	畿内七道地震
706年	慶雲飢饉，疫病の流行	737年	天然痘の流行（政府の高官の多くが死去）
709年	和銅長雨	740年	藤原広嗣の乱
710年	平城遷都，霖雨，凶作	741年	国分寺建立の詔
711年	干ばつ，凶作，飢饉	743年	大仏建立の詔，墾田永年私財法が定められる
712年	「古事記」ができる	745年	天平大地震
715年	遠江地震	749年	聖武天皇退位
720年	「日本書紀」ができる	752年	大仏完成，開眼法要
723年	三世一身法が定められる	754年	鑑真来日
724年	聖武天皇，即位	756年	聖武天皇死去
729年	長屋王の変		

（日本歴史災害事典を参考に筆者作成）

実践のポイント

　この授業展開は，「聖武天皇」という人物を通して，「当時の人々の立場に立ちながら，現在の自分たちが歴史をみる」という練習をするのにもピッタリの学習である。

（阿部　雅之）

【参考資料】
・谷口広樹『ビギナーズクラシックス万葉集』角川書店，2001年
・渡辺晃宏『日本の歴史04　平城京と木簡の世紀』講談社，2009年
・佐藤信編『日本の時代史4　律令国家と天平文化』吉川弘文館，2002年
・北原糸子他編『日本歴史災害事典』吉川弘文館，2012年

どうして羅生門は荒廃したのか？
～墾田永年私財法の光と陰～

「主体的・対話的で深い学び」のポイント

・歴史の事例から税の意義を考えることで，他の時代や現代にも応用できる見方・考え方を鍛える。

1 「歴史的な見方・考え方」を鍛える授業デザイン

(1) 藤原氏が力をつけた経済システム

　藤原氏は政権が倒れることなく，長期に渡り日本の政治に影響を与えている。藤原氏が権力を握る過程は，平安時代以前に遡る。自分たちが有利になる経済システムを構築することで，平安時代に絶大な権力を手に入れたことを捉えさせる。

(2) 経済の視点（税）で歴史を学ぶ

　歴史学習における税の扱いは，「民衆が苦しんだ」「重い負担だった」など，ネガティブな扱いが多い。しかし，税とは本来，人のくらしを豊かにするためのものである。墾田永年私財法から，税の意義を捉えさせる。

2 展開と指導の流れ

(1) 平安時代の2つの建物

　平等院鳳凰堂の写真を提示する。

Q 発問 この建物知ってる？

S「10円玉の建物だ」

T「その通りです。平安時代に藤原頼通によって建てらました」

　平安時代に権力を握った藤原氏の栄華の象徴として紹介する。

　羅城門の再現図（壊れたもの）を提示する。

Q 発問 同じく平安時代の建物だ。どんな建物だろう？

S「ボロボロだ」「庶民の家かな？」

T「これは羅城門という，平安京の南側の正門です」

S「えー。どうしてこんなにボロボロなのかな？」

? 考えよう なぜ羅城門は，建て替えられなかったのだろう？

S「朝廷にお金がなかったんじゃないかな」

S「藤原氏がお金を独占していたんだ」

T「その通りです。朝廷にお金がなくて，建て替えられませんでした」

　羅城門は，小説「羅生門」のモデルとなった，平安京南側の正門である。国家の公共物であり，首都の玄関口である。その首都の玄関口である羅城門が，ボロボロの状態で修理がされていない。当時の都は，朝廷にお金がなく，荒廃し，生活できなくなった人々が集まり，衛生面でも劣悪な状況だった。それを象徴するように，羅城門は荒廃し，倒壊しても再建されなかった。

一方，平等院鳳凰堂は，藤原頼通によって建てられた，藤原氏の栄華の象徴であり，藤原氏の私有物である。

　このように，平安時代は，都は劣悪な環境で国家の正門が修復できないほど財政的に苦しい状況であるのに対して，藤原氏は栄華を誇っているのである。

Q 発問 朝廷に入るお金が少なくなるきっかけとなったできごとは何だろう？　年表から探そう！

710年	平城京に都を移す
743年	墾田永年私財法
794年	平安京に都を移す 藤原氏による摂関政治が始まる
894年	遣唐使を停止する
935年	平将門の乱
939年	藤原純友の乱
1016年	藤原道長が摂政となる

S「逆にお金はどこにいったのかなぁ」

S「藤原氏が得をしたできごとを探せばいいんだ」

T「743年に出された墾田永年私財法です。この法令によって，それまで中国に倣って行われていた律令制度が崩壊し，力のある者（藤原氏など）にお金が集中するようになりました。その結果，朝廷に入るお金が少なくなり，壊れたものを修理できなくなりました」

(2) 税の意義を考える

❓考えよう どうして税は必要なのだろうか。

S 「壊れたものを修理するため」

S 「みんなの生活に必要なものを用意するため」

T 「税があることで,国の整備や民衆へのサービスが提供できます。税がなければ,それができなくなり,民衆が困ることになります。税は,負担が多いと苦しいですが,人々の生活のために,なくてはならないものです」

3 プラスαの展開例〜時代を超えて税の意義を考える〜

　見方・考え方を鍛えるには,後の時代でも,税の徴収方法や使われ方を調べ,その意義を理解させる活動を取り入れる。そして,歴史学習の最後に,複数の税制を比較する活動を取り入れることで,見方・考え方を現代の問題に応用することができるようになる。

　また,事前に律令制度と税の負担について学習していると,税制度の必要性と課題が見え,税の意義を理解しやすくなる。

⭐実践のポイント⭐

　歴史につながる身近なものから,税の意義を考えさせることで,現代につながる見方・考え方を鍛えることができる。

（梶谷　真弘）

【参考資料】

・井沢元彦『逆説の日本史3』小学館,1998年

勘合符で考える室町幕府のお金事情
～経済の視点で歴史を学ぶ～

「主体的・対話的で深い学び」のポイント

・経済の視点で歴史を考えることで，現代に応用できる見方・考え方を鍛えることができる。

1 「歴史的な見方・考え方」を鍛える授業デザイン

(1) 室町幕府の基盤の脆弱さを理解する

　幕府というと，江戸幕府のように全国を統治する組織と捉えがちである。しかし，室町幕府は実質的に支配していた領地も少なく，権力基盤が脆弱であった。室町幕府の基盤の脆弱さを捉えることで，日明貿易，応仁の乱，自力救済の考えが，なぜこの時期に起こったのかを理解しやすくなる。

(2) 経済の視点（財政）で歴史を学ぶ

　勘合符を題材に，室町幕府の基盤の脆弱さを捉えていく。領地が少ないために収入が安定せず，日明貿易による利益が必要だった。室町幕府は，３代将軍足利義満の時に，日明貿易による利益で財政を立て直し，強大な権力を手に入れた。しかし，４代将軍足利義持が日明貿易をやめると，財政は苦しくなり，なんとその準備金も用意できないほど，財政は悪化していった。経済の視点で歴史を考えることで，他の時代や現代にもつながる視点で考えることができる。

2 展開と指導の流れ

(1) 勘合符の値段

　勘合符を提示する。

> **クイズ** これは勘合符と言う。何に使ったのだろう？

S「文字が半分になっている」

S「2つを合わせて使ったんじゃないかな」

T「日本と明が貿易をする時に使いました」

　勘合貿易について説明する。ここまでは，よくある授業の流れである。

> **クイズ** 勘合符の値段は，いくらだろう？

S「タダじゃないの？」

S「貿易ができるチケットみたいだから，高かったのかも」

T「実は，どちらも正解です。0円と15億円でした」

S「どういうこと？」

〈明の皇帝から，タダで「日本国王」に送られる〉

　勘合符は，代々明の皇帝から「日本国王」，つまり室町幕府の将軍に与えられた。その数は，皇帝1代につき100枚だった。日本国王というのは，明の皇帝からすると，皇帝に仕える立場を意味する。明の冊封体制，傘下に入ることで，貿易を許された。

〈室町幕府が，国内に売った（およそ15億円）〉

　室町幕府は，勘合符をもっていながら，貿易をするお金がなかった。貿易では，船代，船員の給料，船員の食糧，貿易での輸出品代など，たくさんのことにお金がかかる。日明貿易を1回行うのにかかる費用は，10,000貫文以上，今のお金で言うと，500億円以上だった。その費用を払えなくなったので，日明貿易が続けられなくなった。

しかし，明の皇帝から与えられた勘合符は，まだ余っていた。そこで，日明貿易に必要な勘合符を有力な守護大名に売り，お金を稼いだ。勘合符は，1枚300貫文（およそ15億円）ほどで売られた。つまり，この時点で，室町幕府より有力な守護大名の方が，経済力があった。日明貿易を行った守護大名は莫大な利益を得て，さらに力を高めていった。

(2) 勘合貿易のメリット・デメリット

❓考えよう 勘合貿易のメリット・デメリットを考えよう。

〈メリット〉

　日明貿易には次のようなメリットがあり，6倍以上もの利益があった。

・関税（貿易にかかる税金）がかからない。

・貿易の使節や商人の滞在費は，明が負担してくれる。

・朝貢品（明の皇帝に贈る品物）の価格以上のお金・品物がもらえる。

・国同士だけでなく，商人による売買を認める。

〈デメリット〉

S「明の子分にならないといけない」

S「倭寇を取り締まるという条件があって，大変だった」

T「日本にとっては有利な貿易ですが，明にとっては大損だったのです。だから，明はあまり積極的に貿易をしたくなかったのです」

(3) 勘合符の使い道

❓考えよう あなたが室町幕府の将軍なら，明の皇帝からもらった勘合符をどのように使うか。グループで討議しよう。

　A：幕府が貿易を行う　B：大名や商人に売る　C：その他（自由）

S「A。借金をしてでも貿易をした方が，最終的に利益が大きい」

S「B。売って，貿易の利益の一部を税として納めさせる」

T「室町幕府は支配の基盤が弱く，お金にも，統治にも困っていました」

3 プラスαの展開例〜社会構造を考える〜

　勘合符を用いて，室町幕府の財政基盤の脆弱さを学習した。さらに，当時の社会の風潮であった自治を関連づけて捉えさせると，歴史の理解が深まる。

　この時期，生産性が高まるとともに，幕府の支配体制がゆるみ，自力救済の考えが広まった。

　人々は，寄合を開き自活を行い，自分たちの要求を一揆などで表した。

　人々の要求にこたえる形で度々出された徳政令だが，徳政令によって幕府自身の収入も減ることになる。

　なぜなら，室町幕府は，当時の金融業者である酒屋や土屋からの税収を財源にしていたからである。

　幕府の脆弱さによって，自力救済や自治の精神が生まれ，またその要求によって，ますます幕府の力は弱まっていったのである。

★ 実践のポイント ★

　勘合符の値段から，室町幕府の財政，そして使い道を討議することで，楽しく深い学習が可能になる。

（梶谷　真弘）

【参考資料】
・大村大次郎『お金の流れで読む日本の歴史』KADOKAWA，2016年

4 時代の大観

坂上田村麻呂は武士か？
～古代と中世のちがいを捉える～

「主体的・対話的で深い学び」のポイント

・古代の学習を終えて，その学習単元を振り返って時代を大観すると同時に，これから学んでいく中世について，学習の見通しを生徒にもたせる。
・「武士とは何か」という議論を通して，朝廷による中央集権の時代から，貴族社会が退廃し，武家中心の封建社会に移行していった背景を捉えさせる。

1 「歴史的な見方・考え方」を鍛える授業デザイン

(1) 時代を大観し，社会を捉える目を養う

　歴史的分野では，事象の因果や時間的・空間的な連関を捉えられる，「社会を俯瞰して見る目」を育みたいと考える。歴史上の出来事を習得することに終始せず，その時代の社会を大きく捉える視点を獲得させられるよう展開したい。

(2) なぜ「武士」は登場したか？

　「武士」の起源については確固とした定説が定まっていないが，従来の「地方の有力者が地権を守るために武装化した」という説は，もはや定説ではなくなっている。筆者自身は，武士の発生起源を**「平安前中期の藤原摂関家の台頭など，中央の政争激化が没落貴族の土着化を加速させ，前時代から醸成されていた荘園制と結びつき，地方の『中央からの自律化』を生んだ」**ものと捉え，「武士」の登場が古代と中世との転換期であるとして，授業を構想した。

2 展開と指導の流れ

(1)【導入】イメージマップで古代を捉える

T「まず，これまでの学習をおさらいします。教室のろうか側のみなさんは
奈良時代チーム，窓側のみなさんは平安時代チームです。学習した内容
を思い出し，知識をつなげてイメージマップを作成しましょう。では，
はじめて下さい」

　生徒は，自分のワークシートに
イメージマップを作成する。それ
と並行し，「チョークリレー」で
黒板にも両時代のイメージマップ
を書いていく。

生徒に作成させるイメージマップの一例

T「これまで学習した，『古代』とはどんな時代でしょう？」
S「藤原氏が印象に残っているなぁ。貴族が力をにぎった時代！」
S「聖徳太子なども出てきた。天皇中心の国づくりが進んだ時代かな」
S「まとめたら……『日本』という国ができていった時代だ！」

(2)【問いを発見する資料提示】クイズで導入・発問

> **クイズ** 次の4人の人物の共通点は，何か？

　「福沢諭吉」「足利義満」「織田信長」「源頼朝」の肖像を提示する。
S「小学校で習った！」「お札（紙幣）にのった人？」
T「実は，この共通点は，今日からの授業のキーワードです」
S「わかった！ 武士だ！」「えっ，福沢諭吉は違うんじゃない？」
T「いえ，正解です。実は，みんな『武士』でした。今日から，武士が登場
する時代の学習に入ります。日本は，福沢諭吉のように，人々がちょん
まげを切る明治時代になるまで，武士が力をにぎる時代が続きました」

「福沢諭吉の若い頃の肖像（まげを結っている）」を提示すると，生徒の驚きの声が上がる。生徒の関心を高め，次のクイズを通して発問する。

> **クイズ** 次のⅠ，Ⅱの絵のうち，「武士」はどちらだろう？

　Ⅰ「粉河寺縁起絵巻」の一場面（教科書によく掲載される長者の家の門番）と，Ⅱ「清水寺縁起絵巻」の一場面（坂上田村麻呂の蝦夷征伐）を提示する。

S「戦っているⅡが武士じゃないの？」「きっとどっちも武士だ！」

S「よく見ると，Ⅰも武器をもっているよ。見張りをしているのかな？」

T「実は，Ⅰが武士で，Ⅱはみなさんも知っている，坂上田村麻呂です。田村麻呂は『武士』とは言いませんでした。『武士』は，Ⅰだけです」

(3)【学びを深める問い】坂上田村麻呂と「武士」のちがいは？

> **Q 発問** では，「武士」とはいったいどんな人たちだろう？

S「主人の家を守っているみたいだ。土地を守るため戦うのかも！」

S「何か貢ぎ物をもってきているのかな？　地元のえらい人のお屋敷？」

　「土地」「地方，地元」「権力者」といったキーワードが出たら，追発問する。

T「これまでの時代にも，地元の有力者はいたはずですよね。では，『武士』が登場する時代は，これまでと何が違うのでしょうか？　グループで考えてみましょう」

　資料や既習事項から，武士が登場した社会背景について意見をつくらせる。前時代との連続性から，「中世武士階級の発生条件」を捉えさせたい。

〈中学歴史の学習内容から挙げられる，「武士」の登場の社会背景の例〉

・古代から荘園制度が醸成されてきた。

・権力争いなどが続く中，朝廷の武官がその実力を認められていった。

・摂関家による他氏排斥，官職の独占など，中央の政争が激化し，没落した貴族の下野が進むなどして，中央の貴族と地方の豪族の交流があった。

・家柄，血筋の格式が高い軍事貴族も土着し，「地方の自律化」が進んだ。

⑷【振り返り】武士が登場する時代は，『古代』と比べてどうか？

T「この時代は，授業のはじめに考えた『古代』とどう違いましたか？」
S「都の権力争いが多かった」「中央の権力者が地方と結びついた」
T「このようにして，『武士』が力をのばす『中世』の社会に変わっていきます」

　「武士」が上述の背景で出現したものと捉えると，中央権力の内部にあった坂上田村麻呂はそれにあたらないことがわかる。朝廷による中央集権の時代から，領地を基盤とした自力救済の時代に移行しつつある社会の様相をつかませる。

3　プラスαの展開例
～パワーグラフをつくり，社会の移り変わりを説明する～

　中世の学習後，「天皇・貴族・武士・民衆」の主体別にパワーグラフをつくらせ，生徒自身の言葉で「奈良・平安・鎌倉・室町時代」の社会の変化を説明させる。時代の推移を大きく捉えさせることができる。

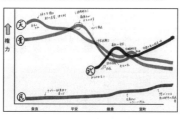

筆者が作成した学習成果物の例

★ 実践のポイント ★

　"わかりやすさ"は，時として，学びが深まりにくい可能性を孕む。武士の発生起源のような，複雑で"わかりにくい"けれども本質にせまるオーセンティックな学習課題を，資料提示や発問の工夫で，いかに生徒にとって"考えがい"のあるテーマに変えていくかが，授業者の腕の見せ所ではないだろうか。

（宮本　一輝）

豊臣秀吉・織田信長の通知表を完成させよう！〜「中世」から「近世」への転換期を多面的・多角的に考察する〜

「主体的・対話的で深い学び」のポイント

・戦国大名に求められた資質・能力を様々な観点から考察し，5つに大別する。
・日本の近世社会の基盤をつくった織田信長と豊臣秀吉を上記の5つの観点から5段階で評価し，100字程度の総合所見としてまとめる。

1 「歴史的な見方・考え方」を鍛える授業デザイン

⑴ 社会の変化に適応した戦国大名たち

　多くの戦国大名の目標が，「天下統一」である。そのために必要とされた資質・能力の考察を通して社会の変化についての学びを深める。

⑵ 織田信長・豊臣秀吉の歴史的業績

　戦国時代は，これまでの常識や価値観が否定され，新たな「もの」がつくられた。新たな時代を切り拓いた2人の具体的な業績の考察を通して，近世の基盤についての学びを深める。

2 展開と指導の流れ

⑴ 戦国大名に必要な資質・能力

T「多くの戦国大名が『天下統一』に挑戦しましたが，王手をかけたのが織田信長であり，はじめて達成したのが豊臣秀吉です。この2人を正しく

評価することを通して，戦国時代という中世から近世への『転換期』を正しく理解してもらいます」

S「難しそうだけど，いつも評価される自分たちが評価するのは楽しみ！」

❓考えよう 戦国大名に必要とされた「資質・能力」を「統率力・作戦力・思いやり」以外に２つ，評価項目としてグループで設定しよう。

〈生徒の解答例〉

判断力：状況を見極める力がないとみんながついていかないから。

経済力：お金がないと政策を実行したり，人を雇うことができないから。

防御力：攻めることも大事だけど，できるだけ被害は少ない方がいいから。

信頼：仲間からの信頼がなければ統率がとれず，裏切られる可能性もあるため。

T「たくさんの資質・能力が挙がりました。今回は，多くのグループで重複した『判断力』と『経済力』を採用します」

(2) 織田信長・豊臣秀吉の業績の歴史的意義

❓考えよう 下の①～④は，中世で常識とされていた事柄である。（A）～（D）に当てはまる語句をグループで考え，答えよう。

①（A）や（B）には絶大な権力や経済力があり，逆らうのはおそれ多い

②都市部で商売をするには，（C）に加入しなければならない

③戦いで使われる武器は，刀と弓である

④農民は，いざという時は（D）になる

Ⓐ答え A：寺院　B：神社　C：座　D：兵士

T「織田信長と豊臣秀吉は①～④のような中世の常識を打ち破り，新たな『もの』をつくり出しました」

❓考えよう 下の年表のア〜オは，「中世の常識」①〜④のどれを打ち破ったものかグループで考えよう。

〈織田信長の業績〉

1571年　延暦寺を焼き討ち…ア

1575年　長篠の戦いで武田勝頼を徳川家康と共に破る…イ

1576年　安土城の築城開始…ウ

〈豊臣秀吉の業績〉

1582年　太閤検地を実施する…エ

1588年　刀狩を実施する…オ

S「アは①。お寺を焼き討ちするなんてとんでもない！」

T「寺社がお金をたくさんもっていたのは，座を保護したり，荘園からの収入があったためです」

S「じゃあ，②も当てはまりますね。自由に商売を行い，経済を活性化させるためには寺社が邪魔だったんだ」

S「イは③！　大量の鉄砲を使った織田軍が武田の騎馬隊に勝ちました！」

T「織田信長は，安土城下で楽市・楽座を実施しました」

S「座に縛られずに商売ができるようになったから，ウは②だ！」

T「ちなみに，安土城は当時琵琶湖に面していました。物流の要衝であった琵琶湖をおさえ，経済を発展させようとしていたのです」

S「エとオは④かな。太閤検地では，検地帳に土地の所有者が記載されたと教科書に書いてある」

S「つまり，土地を投げ出して武士になることができなくなった」

S「その上，刀狩で武器を取り上げられたから，もう農作業しかできない」

T「これを『兵農分離』と言います。江戸時代に武士と百姓の身分が分かれていくきっかけとなりました」

⑶ 織田信長の通知表を完成させよう！

　生徒の解答例を下に挙げる（豊臣秀吉は書面の都合で割愛）。

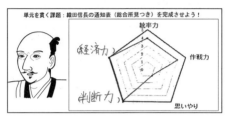

　延暦寺を焼き討ちするときの判断力はいい。また，琵琶湖など全国の品物
が流通する土地を領地にすることで経済力を高めているところもとてもいい。
しかし，自分が戦いに勝つためにキリスト教などを利用し，必要でなくなる
と切り捨てるのは少し思いやりがないように思える。

3　プラスαの展開例〜お気に入りの戦国大名も評価しよう！〜

　宿題で，自分が好きな戦国大名を評価させてもよい。司書教諭などと連携
して，図書室に「戦国時代コーナー」を設置すれば生徒の自主学習を促すこ
とができ，興味・関心を広げることにもつながる。

☆ 実践のポイント ☆

　「正しい評価をするためには，正しい評価項目の設定が必要」である
ことを生徒に理解させることがポイント。グループでの議論を通して戦
国時代の多面的・多角的な理解を深めたい。また評価や総合所見は，
「根拠とした事実」とそれに対する「自分の考え」を明確にさせるよう
にする。

（前田　一恭）

大西洋三角貿易って何？
～アフリカが植民地になった一要因～

「主体的・対話的で深い学び」のポイント

・奴隷貿易のはじまりと，増えた要因について考える。
・「大西洋三角貿易」の意味を，ヨーロッパ，西アフリカ，中南アメリカとの関係から多面的・多角的に考察する。

1 「歴史的な見方・考え方」を鍛える授業デザイン

(1) 奴隷貿易とその変化

　16世紀に奴隷貿易が活発になった要因は，航海技術の向上により，ヨーロッパから直接西アフリカに行くことができるようになったことと，砂糖・コーヒープランテーションや鉱山労働の不足する労働力を西アフリカからの奴隷や移民でまかなったことがその要因である。

(2) 「大西洋三角貿易」

　「大西洋三角貿易」とは，ヨーロッパが，アフリカでの王国同士の戦争に必要な鉄砲や火薬を売り，そのかわりに戦争で獲得した捕虜を奴隷としてヨーロッパ人に売ったことと，新大陸での奴隷労働により砂糖やたばこ，コーヒーがヨーロッパにもたらされたことである。16世紀のアフリカ，ヨーロッパ，新大陸三地域の搾取，被搾取の構造を重層的に考察する。

(1) 負の世界遺産

　「負の世界遺産」である「広島の原爆ドーム」「ポーランドのアウシュビッツ」「西アフリカの奴隷海岸」の写真を示す。場所を地図で確認し，なぜ「負の遺産」に指定されたのかを考える。

(2) 黒人奴隷貿易のはじまりと奴隷が増えたワケ

　長い間，ヨーロッパ人は，北アフリカのアラブ人やペルシャ人の商人を経由して西アフリカから黒人奴隷を購入していたことにふれる。

> **？ 考えよう** 15世紀半ばから16世紀以降，西アフリカから新大陸への奴隷が増えてくる（約1,000万人：1451〜1870年）。その理由を考えよう。

T「まずは，時代に注目しましょう」
S「1400年代の終わりだね」「コロンブスのアメリカ大陸到達」
T「大航海時代と言いました。他にどんなことがあったでしょう？」
S「マゼラン一行の世界一周」
T「1522年です。つまり，ルネサンスの羅針盤の発見や地球が丸いということが明らかになり，ヨーロッパから直接西アフリカに行くことができるようになったことが一つの要因です。他には？」
S「ヨーロッパ人が美味しい食べ物を食べるようになった」
S「香辛料だったかな」
T「香辛料はアジアから収奪されましたね」
S「砂糖やコーヒー」
T「新大陸の砂糖をはじめとするプランテーション農場と鉱山の開発が活発化し労働者不足になり，ますます奴隷が必要になりました」

⑶ カリブ海の国々と陸上競技

　カリブ海の国々はジャマイカ，トリニダード・トバゴなど陸上大国である。そのワケを考えさせる。カリブ海の国々は，16世紀にスペイン領となり，西アフリカから連れてこられた奴隷の末裔の国とも言える。西アフリカは，高温多湿の密林が広がり，狩猟生活中心で，爆発力と強靭な筋力が不可欠である。また，さとうきび労働は，根っこから切る時や運ぶことも含め重労働であった。自然や文化的要因も大きい。ジャマイカでは，陸上競技は国技であり，学校の授業に「体育」ではなく「陸上」がある。また，気候条件から主作物は，さつまいも，サトイモ，キャッサバなどで，これは筋繊維を鍛える。

⑷ 大西洋三角貿易とアフリカの崩壊

> **❓考えよう** 西アフリカにはダホメ王国などがあり，近隣の国を武力で制圧し勢力を広げていた。そこで必要なものは何か。

S「武器」

T「武器ってどんなものでしょう?」

S「鉄砲」「戦車」

T「戦車はまだないね」

S「火薬」

T「ヨーロッパは，これらの王国に鉄砲や火薬を売りました。そのかわりにアフリカから買ったのは何でしょう?」

S「資源」「奴隷」

T「アフリカでの戦争で獲得した捕虜を奴隷としてヨーロッパ人に売りました」

S「えっ!　ってことは，その奴隷がアメリカに売られたってこと?」

T「その奴隷が新大陸で，砂糖やたばこ，コーヒー栽培の仕事をしました。その商品はどうなったでしょう?」

S「ヨーロッパに売られ，嗜好
　品として使われた」
S「なんか，ぐるぐるまわって
　いる」
T「これを『大西洋三角貿易』
　と言います」

3　プラスαの展開例〜アフリカの人口減少と経済の疲弊〜

　「大西洋三角貿易」がアフリカやジャマイカ（中南アメリカ）に与えた影響について考えさせたい。人身売買のシステムをつくったのは白人であるが，アフリカ大陸内部に攻めこんで黒人を連れてくることはほとんどなく，黒人王国の軍が敵の地域や民族に攻め込み，捕虜として連行したものが，奴隷となり，新大陸に送りこまれた。これにより，アフリカの人口は減少し，経済も疲弊し，ヨーロッパの植民地になるきっかけをつくってしまう。

★ 実践のポイント ★

　奴隷貿易の増加の背景や大西洋三角貿易による，アフリカ，新大陸，ヨーロッパの関係やその後の影響を多面的・多角的に考察することから，深い学びが可能である。

（河原　和之）

【参考資料】

・宇田川勝司『なるほど世界地理』ベレ出版，2016年
・『週刊東洋経済』（2019年12月7日号）尾登雄平「知らないと損する世界史の新常識・新解釈」
　東洋経済新報社

長岡生活綴方事件から治安維持法を考える〜法律がいつも正しいとは限らない〜

「主体的・対話的で深い学び」のポイント

・主権をもつ国民として，法律のあり方に興味・関心をもつ。
・「長岡生活綴方事件」について異なる3者の立場から考える。

1 「歴史的な見方・考え方」を鍛える授業デザイン

(1) 一つの歴史事象に対して異なる三者からの意見をぶつけ合う

　1910年代より広まった作文指導もしくは生活指導全体を指導する教育方法の一つであった生活綴方教育は，子どもの生活経験から生じる感動や疑問をありのままに作文に書くことで，生活認識や思想を深めることに主眼をおいた。生活のありのままをみつめさせる教育方法は，戦争に国民を向かわせる国家には不都合であり，治安維持法によって全国的に取り締まられることになった。本稿では，「長岡生活綴方事件」で逮捕された寒川道夫さん，その教え子の大関松三郎さん，逮捕した警察の三者に分かれ，それぞれの立場から主張をぶつけ合う。話し合いを通して，法律のあり方についての興味・関心を高める。

(2) 話し合いを終えて，俯瞰的な立場から意見文を書く

　話し合いを終えて，三者のそれぞれの主張をまとめた後，俯瞰的な立場から意見文を書くことで，歴史的事象の「見方・考え方」を鍛える。

2　展開と指導の流れ

(1) 太平洋戦争下における長岡の人々のくらし

> **? 考えよう** お寺の釣り鐘はどこへいく？

S「鐘は溶かされて，戦争に使われる武器につくり変えられ
　る」

T「どうして，お寺の鐘が必要になるのでしょう？」

S「日本は資源がないから，鉱山で掘ってくる代わりになる」

> **? 考えよう** 配給制度は何のため？

S「贅沢なくらしを制限するため」

T「どうして，制限しなければならないのでしょう？」

S「戦地にいる兵隊に食料を送らなければならないから」

S「戦争に勝つためには，軍隊優先で考えなければならないから」

> **? 考えよう** どうして学徒勤労動員が起こったのか？

S「工場で働く人手が足りなくなったから」

T「どうして，働く人手が足りなくなったのでしょう？」

S「生産する兵器の数が増えたから」

S「それまで働いていた人が，兵隊として戦地に送られたから」

T「世の中のあらゆるものが『戦争』に向かっていました」

(2) 長岡生活綴方事件とは？

〈知る：長岡生活綴方事件〉

　1941年11月，長岡市で小学校の教員をしていた寒川道夫さんら十数人の教

員が特別高等警察に逮捕された事件。

　寒川さんは児童の自由な発想力を育てようと，日々の生活から思いついたことを詩に書かせたり，植物の栽培や動物の世話を通して命の大切さに気づかせたりする「生活綴方教育」を進めていた（寒川さんの教え子である大関松三郎さんの書いたとされる詩「ぼくらの村」が戦後発表され，詩が国語の教科書にのったり，詩の中に出てくる理想の村が映画になったりした）。

　戦時にあって生活綴方教育は治安維持法で厳しい取り締まりを受けた。長岡生活綴方事件はそのうちの一つだ。

〈知る：「ぼくらの村」〉

　大関松三郎さんが尋常高等学校在学中に，寒川道夫さんの指導を受けて書いたとされる詩。松三郎さんが理想とする村の姿が，そこにくらす大人になった松三郎さんの視点で描かれている。老若男女，障害を負った人々が自分の特技ややりたいことを生かしながら協働生活を送る様子が生き生きと描写され，「理想の村を創れないだろうか，いや，創っていこう」と締めくくられている。

(3) 異なる3者の立場に分かれての話し合い

> **？考えよう**　当時，寒川さんが逮捕されたことについて，どう思うか？
> 話し合って考えを深めよう。

〈グループＡ：大関松三郎さんの立場〉

・子どものための教育なのに，逮捕はまちがっている。

〈グループＢ：高等警察の立場〉

・逮捕はまちがっていない。法律をやぶったら逮捕しなければならない。

〈グループＣ：寒川道夫さんの立場〉

・逮捕はまちがっている。熱心に教育をしているのに，何が悪いのか。

　話し合いでは，児童の司会・審判グループが話し合いを進める。教師は場つなぎのコーディネート役をする。はじめに話し合いの仕方について説明し

た。

①はじめに，A〜Cグループの意見を発表する。

②前半10分間の討論を行う。ルールは以下の通り。

・発言は各グループで決めた順番で行う。

・発言する毎に1ポイント加算される。

・発言は1分以内で，短く考えをまとめる。

・発言は30秒以内にはじめる。グループで内容を相談してもよい。

・質問に答えられない場合は，その討議を終了する。

・説得力のある意見や鋭い質問には特別ポイントとして司会・審判グループ
　から3ポイント加算がある。

③中間発表。司会・審判グループから特別ポイントの付与。

④後半10分間の討論を行う。その後結果発表。拍手。

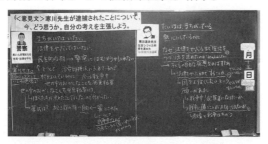

　話し合いによるポイント付与は，発言を促し，限られた授業時間の中で活発な議論を行うための手立てである。

〈話し合いの例1〉

　B（警察）グループの「民主的な村は，警察に歯向かうかもしれない」という主張に対して，A（大関松三郎）グループとの話し合い。

A1「どうして，民主的な村が取り締まりを受けるのか」

B1「そもそも，していることが治安維持法に違反している」

A2「村をよくしようとしているのにおかしい」

B2「今は戦争中だ」

A3「逮捕される罪状は何か？」

B3「世の中のおかしいことを発見する罪だ」

A4「世の中のおかしいことを発見する罪とは何か」

B4「ぼくたちが決めたことではないのでわからない」

A5「もう一度聞くけど，罪状は何か」

B5「松三郎の詩が自由であることが罪だ」

A6「どうして，自由が罪なのか？」

B6「戦争中なので，自由でいると国に迷惑がかかる」

〈話し合いの例２〉

　B（警察）グループの「なぜ，法律をやぶるまで，生活綴方教育を続けたのか」という主張に対して，C（寒川先生）グループとの話し合い。

C1「それは，子どもの自由な発想をのばすため」

B1「法律をやぶってまですることか」

C2「もともと，寒川先生は国をよくしたいという願いをもっていた」

B2「今は戦争中。犯罪者になりたいのか。今は，戦争に勝つことが大切なのではないか」

C3「教育と戦争は別のもの」

⑷ 話し合いを終えての意見文

〈意見文〉長岡生活綴方事件から学べることは何か。

S：生活綴方事件での寒川先生グループは「子どもの自由をうばった」からせめて作文だけでもと思い子どもたちのために自由を教えたのに，逮捕なんて理不尽，という考え方。警察グループは「戦争中でたくさんの人が現地に行ってがんばっているのに，自由を教えたのはだめ。しかも，それをわかってやっている。法律に反したのだから逮捕は正当だった」という考え方。大関グループは，どうして寒川先生が逮捕されたのかわからない，

自由な教育はいいことだ，という考え方。

〈自分の考え〉

　国が起こした戦争のせいで，子どもの教育にまで法律ができてしまったから，先生は逮捕された。自由を教えることはいいことなのに，戦争のせいで何も悪くない人が逮捕されるのはおかしいと思った。

〈学べたこと〉

　警察が一番強いということ。「法律」が絶対だから，何でもできる。だから，法律に反したら，よくても悪くても逮捕される。法律は，国民の話を聞いて，みんなが幸せになる法律がいいと思う。

3 プラスαの展開例〜法律がつくられるまで〜

　治安維持法という理不尽な法律について考えを深めることができたので，そのまま公民分野の学習につなげてもよい。

　法律では合法だが，合法が適当なのか検討を必要とする社会的問題は多い。市民レベルの運動が法律の改正につながったり，その改正された法律によって世の中がよくなったりした事例を取り上げ，その経緯や方法を学ぶことで，主権者教育につなげることもできる。

★ 実践のポイント ★

　戦争は，物的な制限だけでなく，戦争を肯定する法律により，思想や教育の自由も制限される。だから法律は大切なのだ，ということを大関松三郎の「ぼくらの村」を中心に生徒たち同士の話し合いであぶり出すことができるか，がポイントである。

（渡辺　登）

あなたに赤紙が届いたら〜息子を戦場に送り出した母親は，戦争の被害者？　加害者？〜

「主体的・対話的で深い学び」のポイント

・「赤紙」や思考実験をもとに徴兵忌避の困難さと銃後社会の空気を知る。
・三國連太郎の母の行動を考え，当時の国民の「立場」の重層性に気づく。

1　「歴史的な見方・考え方」を鍛える授業デザイン

(1) 応召をめぐる背景を具体的に考える

　「赤紙」（召集令状）が届くと期日までに所
定の連隊へ行かねばならない。「赤紙」は渡
されて終わりではない。受領證（写真略）に
サインし，提出する。本人ではなく家族代筆
可であり，「届いていません」は通用しない。

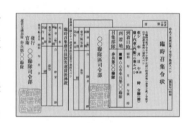

「隣組」の相互監視のもと，すぐに町内会で送り出しの準備がはじまる。「魂
は細部に宿る」という。赤紙受領→応召→出陣までの「判断」を追いつつ，
当時の社会の空気感に迫る。

(2)「息子を売った母」に注目し，銃後国民の「立場」の重層性を考える

　赤紙が届いた本人だけでなく，家族にも苦悩があった。戦争非協力者は
「非国民」といじめられ不利益を被る。「息子に赤紙が届いたら？」「息子が
徴兵から逃げたら？」の問いを媒介に，戦争協力が強いられる銃後国民の様
子を知る。被害・加害・抵抗・加担……個人の「立場」は重層的である。な
お，同調圧力と個人の判断という視座で言えば，生徒が既視感をもちつつ深
く学ぶ題材でもある。

(1) もしもあなたに「赤紙」が届いたら？

T 「(『赤紙』のレプリカもしくは画像を示し) これはなんでしょう？」

S 「赤い紙」「『赤紙』。これが来たら戦争に行くんでしょ」

T 「正式名称は『召集令状』。召集に応じるのを『応召』と言います」

　「おめでとうございます！」と，生徒に赤紙のレプリカを渡すのもいい。

> **❓考えよう**　もしもあなたに「赤紙」が届いたら，どうする？

S 「行かない。受け取らない」「『もらっていない』と言い張る」

S 「国の命令だから行くしかない？」「犬に食べさせて証拠隠滅する」

T 「実は受け取って最初にやることが決まっています。何でしょう？」

S 「『受領證』ってある！」「受領證にサインしてその部分を渡すのか」

S 「お母さんに出てもらって，『うちの子は外出中です』と言ってもらう」

　召集令状裏面「受領ニ關スル心得」を紹介。「本人この令状を受領したときはこの受領証の表面に受領年月日時を記入し氏名の下に捺印の上直ちに交付を受けたるものに返付すべし」「本人不在のため本人に代わりてこの令状を受領したるもの（戸主，家事を担当する家族，召集通報人及びその家族を担当する家族）は前項に準じ本証表面所定の箇所に記名捺印するものとす」。また「応召員又は応召員に代わり令状を受領したるもの正当の理由なくして前諸項の心得に背きその手続きをなさざる時は拘留又は科料に処せられるべし」も読む。

S 「断れないし，『受け取った覚えはありません』ともできないんだね」

T 「自分ではなく，息子に『赤紙』が届いたらどうしますか？」

S 「息子を戦争に送るのは嫌だ。刑罰を受けても，行くなと説得する」

S 「周りの家の息子も戦争に行っているから行かないと白い目で見られそう」

(2) ある親子の苦悩

　20歳の息子は働いていた大阪で，自分に赤紙が届いたと知る。母からの手紙には，「おまえもいろいろと親不孝を重ねてきたが，これで天子様にご奉公ができる。とても名誉なことだ」とあった。彼はすぐに郷里の静岡と反対方向の貨物列車に潜り込んだ。「戦争に行けば殺されるかもしれない。何とか逃げよう」。「赤紙」一枚で死ぬことに納得できなかった。逃亡4日目。山口県の小郡にて，ふと家族を思い，母に手紙を書いた。「ぼくは逃げる。どうしても生きなきゃならんから」。親や弟，妹たちへの迷惑をわび，九州〜朝鮮を経て中国大陸へと行くと書き添えた。

> **❓ 考えよう**　あなたは母だ。息子から上の手紙が届いた。どうする？
> 　A：手紙を燃やし無事を祈る　　B：警察に届け出る　　C：その他

S 「A。息子に逃げ切ってほしいから証拠もなくす」
S 「B。赤紙が届いたのは近所の人も知っていて，壮行会の準備もしている。
　　　この手紙をもらって，ごまかし続けるなんて私にはできない」
S 「B。『息子は戦争から逃げたけど家族は協力した』とアピールする」
S 「C。家族みんなで逃げちゃう。同じように中国大陸に行く！」
　数日後，彼は佐賀県唐津市で逮捕され，なぜか処罰は受けず静岡県の連隊に入れられた。最後の面会にきた母が，目をそらし声をつまらせながら言った。「きついかもしれんが一家が生きていくためだ。涙をのんで，戦争に行ってもらわなきゃいかん」。息子は，この時すべてを悟った……。
S 「母が取った行動は，Bだったんだ」「息子を裏切るなんて，ひどい！」
S 「しょうがないよ，『一家が生きていくためだ』とあるもの」
T 「戦争に協力しないと『非国民』と言われ，配給を減らされる意地悪もあった。学校でも『非国民』の家の子はいじめられた。この『息子』は，俳優の故・三國連太郎（佐藤浩市の父）。中国の前線へ行った千数百名の部隊のうち，彼を含めて20〜30人しか帰ってこられなかった……」

(3) 三國連太郎の母は，戦争の被害者？　加害者？
～国民一人ひとりの立場の重層性～

> **❓考えよう**　この話の「母」は，戦争の被害者？　加害者？

S「お母さんも苦しみながらの選択だった。被害者だと思う」

S「三國連太郎さんからすれば加害者だよ。密告のせいで死にかけた」

S「どちらでもあると思う。中国の人からしても，『加害者』に見える」

S「加害者。結局お母さんは保身に走ったのでは。自分たちが辛い思いをするよりも，息子を戦場に送り出す方がましだと判断したのだから」

T「この事例でも，実は『被害者』『加害者』両方の要素が含まれているかもしれません。総力戦体制下の日本で，個人の『立場』は重層的です」

3 プラスαの展開例
～「4つの立場」を示し，調べる・書く・語り合う～

　戦時中の個人の立場には，被害・加害・抵抗・加担の4つがある。本題材は「加担」の典型的事例でもある。教科書などから4つに該当する事例を調べ交流する，感想をグループで読み合うのも面白い。同調圧力や加担の息苦しさは生徒の身近にある。歴史学習と日常の往還が期待できる。

☆ 実践のポイント ☆

　実物教材や「あなたならどうする」の問いを介して，感情移入しつつ思考する。応答の中で徐々に生徒が当時の息苦しさを実感していく展開を心がけたい。

（和井田　祐司）

【参考資料】

・川名紀美『女も戦争を担った』冬樹社，1982年

なぜ「稔」と「和夫」という名前をつけたの？〜エピソードから学ぶ「占領」と民主化〜

「主体的・対話的で深い学び」のポイント 👉

・戦後直後の生活難の様子や平和への願い，戦後民主化の過程をエピソードから楽しく学習していく。

1 「歴史的な見方・考え方」を鍛える授業デザイン

(1)「街頭インタビュー」「名前」

戦後すぐの世相を「前の時代とどのように変わったのか？」「どのような時代だったのか？」という推移，比較，相互の関連から検証する。

(2)「母子手帳」「天皇とマッカーサーの会見写真」「図書室」

戦後民主化の過程を，政治経済の展開，社会の様子，文化の特色などに着目して，学習した内容を比較し関連づけ理解する。

2 展開と指導の流れ

(1) 男性の名前は「稔」と「和夫」

> **クイズ** 戦後直後の「食糧難」「平和への願い」について考える。
> ① NHK の街頭インタビュー第一声「あなたは（　　　　　　　）か？
> ②たばこの銘柄にある名前が再登場した。さて，この銘柄は？
> ③1946年の男子の名前の１位と２位は何か？

① 「満足しています」「戦争はつらかったです」「生きています」「お腹は満足です」などの意見。答えは**「食べられています」**である。

② 答えは**「ピース」**である。実物をみせる。ピースが発売されていたのは，1920年からわずか１〜２年のことであり，その後，1946年１月10日まで発売されていない。シンボルは，平和の象徴である "鳩" である。

③ 「清」「博」「明」「進」「茂」「隆」「一男」「紀夫」など。１位が**「稔」**で２位が**「和夫」**である。「稔」「和夫」に託した人々の願いは，**「食と平和」**であったことを確認する。

(2) マッカーサーと天皇

1945年９月27日に行われた天皇とマッカーサーの会見写真を示し，気づいたことをグループで話し合う。「マッカーサーは腰に手をあてて偉そう」「逆に天皇は直立不動で姿勢がいい」「あきらかにアメリカが優位という感じ」「天皇がこうして顔をさらすのは驚き」など。

実際の当時の反応は，マッカーサーが襟のボタンを開けているのは畏れ多いというものであった。

> **❓考えよう** マッカーサーはなぜ，この写真を撮らせたのか？

S「天皇は神ではないことを国民に明らかにするため」
S「アメリカが戦争に勝ったことを明らかにするため」
S「日本の占領をうまくすすめるため」
T「２人が並ぶ写真で民衆は，改めて日本が戦争に負けたと印象づけられることになり，1946年１月１日には天皇の人間宣言が出されました」

⑶ 母子手帳から考える民主化

「日本国憲法」の三原則を確認した上で,「母子手帳」の変化を軸に憲法と生活の変化を考えさせる。

> **Ｑ 発問** 子どもは誰のものか？

Ｓ「親のもの……」「子どもは子どものものでは」

具体的に「母子手帳」で確かめる。そこには児童憲章が掲げられ「児童は,人として尊ばれる」「児童は,社会の一員として重んぜられる」「児童は,よい環境のなかで育てられる」と書かれている。子どもたちは,生まれた時から人権をもつ人間として扱われていることがわかる。

Ｔ「戦争期はどうだったのでしょう？」

Ｓ「天皇のもの」「国のもの」「親のもの」

「妊産婦の心得」という冊子には「丈夫な子は丈夫な母から生まれます。妊娠中の養生に心がけて,立派な子を生み,お国につくしましょう」と書かれている。つまり,子どもは「国」のものであった。しかし,憲法によって個人が大切にされる世の中になった。

⑷ 三大経済政策

連合国軍最高司令官総司令部のことを GHQ という。GHQ とは「General Headquarters」の略称だが,「Go Home Quick」と,「早く自国に帰れ」と揶揄する人も中にはいた。

そして,GHQ の経済政策 3 本柱である「農地改革」「財閥解体」「労働改革」について学習する。3 つの改革を説明する（略）。

> **❓ 考えよう** GHQ の 3 つの経済政策の共通のねらいは何か？
> グループで討議しよう。

「地主や財閥を解体して日本の力を弱めること」「財閥が戦争を起こす原因

にもなっていた」「この3つは民主主義に不可欠だから」「すべての人の生活が豊かになるように」など。

T「3つの政策は『豊かさ』と関係しています。具体的には？」

S「農地改革は，自分の田畑をもつと働く意欲がでる」

T「財閥解体は？」

S「解体することで他の企業が元気になる」「会社をつくりやすくなる」

T「財閥解体によって，企業が互いに競争し経済が発展しました。労働組合は？」

S「給料が上がると生活が豊かになる」

S「団結することでいろんな条件がよくなる」

T「労働組合により給料や労働条件が改善され，購買力が増大します。共通のねらいは，日本の封建社会的な側面をなくし民主化を実現し，経済発展ができる国をつくり，非軍事的な国づくりをしていくことでした」

3 プラスαの展開例~民主化と「図書室」~

　学校にある図書室は，GHQによって設立された。戦争は軍部，政府の政策や宣伝を見抜けなかった国民の批判力の欠如も一つの要因である。国民が，多様で多面的な考えをもつ，平和国家建設のために図書室が設立された。

★ 実践のポイント ★

　子どもたちの身近なことから戦後の世相と民主化を考えさせることが不可欠である。

（河原　和之）

【参考資料】
・池上彰『そうだったのか！日本現代史』集英社，2008年
・千葉保『はじまりをたどる「歴史」の授業』太郎次郎社エディタス，2011年

「ゴジラ」からみる核と平和
～サブカルチャーから社会を分析する～

「主体的・対話的で深い学び」のポイント

・映画「ゴジラ」を通して，人々の核に対する考え方の変容を捉える。

1 「歴史的な見方・考え方」を鍛える授業デザイン

(1) 「ゴジラ」＝「核兵器」「核実験」という隠喩（メタファー）

1954年に公開された映画「ゴジラ」は，水爆実験によって生まれたゴジラが東京の街を襲うというストーリーであり，ビキニ環礁における水爆実験を風刺している。作品を分析することで，当時の人々の心性（メンタリティー）を読み取る。

(2) 歴史学習は解釈学習

歴史的分野において，学習をすすめる上で大切にしたいのが，歴史的事象を解釈する場面設定である。生徒たちを「小さな歴史学者」と仮定して，実際に歴史学者が行っているような解釈を行わせることで，大人になった後も同じような思考プロセスで考えることができる。

(1) 「ヘドラ」から見る公害問題

映画「ゴジラ VS ヘドラ」の予告を流し，生徒に質問する。

T「ヘドラは田子の浦のヘドロから誕生し，飛行しながら有害物質をまき散らします。この作品は何を風刺していますか」

S「人間による環境汚染への風刺」

S「水質汚染や四日市ぜんそくなどの公害を批判している」

T「静岡県富士市周辺にある田子の浦は，かつて和歌に詠まれるほど美しい場所でした。しかし，戦後製紙産業が盛んになると工業排水による水質汚濁が問題となり，美しい田子の浦はヘドロで埋め尽くされることになります。また，工場から出る排気ガスが大気を汚染し，富士ぜんそくと呼ばれる健康被害を生み出してしまいます。このような高度経済成長期における公害を風刺したのがヘドラだと言えます」

(2) 「ゴジラ」=「核兵器」「核実験」

T「そもそもゴジラ自体がビキニ環礁における水爆実験を風刺しています」

1954年に公開された映画「ゴジラ」の予告を見て感想を聞く。

S「水爆実践によって生まれたゴジラが東京の街を破壊するのは，核兵器による破壊を意味している」

S「1954年は第五福竜丸が被ばくした年だ」

S「冷戦の頃の，いつ始まるかわからない核戦争への不安を表している」

S「戦車や戦闘機が出てきて『陸・海・空の精鋭』というテロップはいかにも軍事的だと思う」

S「そういえばゴジラ作品の戦車などが登場する音楽（怪獣大戦争のマーチなど）も軍隊の音楽に似ているかも」

S「人々が疎開しようとしているシーンは，1950年代の人たちにとって，か

つての太平洋戦争を思い出させるのではないか」

⑶「防衛隊」から「自衛隊」へ

T「ゴジラシリーズの『軍隊』について，1954年に公開された『ゴジラ』では『防衛隊』となっています。しかし，その後ゴジラシリーズが続く中で呼び方は徐々に変容し，1984年に公開された『ゴジラ』以降からは作中で明確に『自衛隊』と言っています。この30年間に何があったのでしょうか」

　年表（略）で確認させる。

S「1954年は自衛隊ができた年で，まだ当時の人々の中では批判もあったのではないか」

S「1950年に始まった朝鮮戦争が1953年に停戦している。いつ戦争の飛び火が日本に来るかわからない状態での映画公開だったのではないか」

S「1956年にソ連と国交回復し，国連へ加盟している。1960年には，日米新安保条約が締結されている」

S「1965年から1975年までベトナム戦争が続いている。その前の1964年には東京オリンピックが開かれている」

S「日中や日韓とも条約が結ばれている。1972年に沖縄が返還されている。1973年にオイルショックが起こっている」

S「いつ戦争がはじまるかわからない冷戦の下，日本が高度経済成長を成し遂げ，復興していった流れの中で，自衛隊に対する人々の考え方も変容していったのではないか」

⑷「反核」から「平和利用」へ

T「核兵器によって誕生したゴジラが，（現代社会が生み出した）敵を倒すというストーリーは，何を意味しているのでしょうか」

S「核に対する人々の考え方が変わってきているのではないか」

S「核を問題解決の方法として捉えている？」

S「原子力発電のような核の平和利用を意味しているのではないか」

T「戦後には，サンダーバードや鉄腕アトム，ガンダム，サイボーグ009，ドラえもんなど，原子力を動力としたヒーローが登場します。時代の移り変わりに伴い，核は人々の生活を脅かす存在から，原子力という未来のエネルギーとしての存在に変容し，未来への夢を託されていったのかもしれませんね」

3　プラスαの展開例〜震災と「シン・ゴジラ」〜

T「東日本大震災の前後では，ドラえもんの中身に対する表記が変わりました。どこが変わりましたか」

S「あ！　『原子炉』の文字が消えている！」

T「これは被災した方々への配慮から表記が変わった事例とされています。未来の夢として捉えられていた原子力に対する考え方も，時代の流れとともに変化してきています」

　2016年公開の映画「シン・ゴジラ」では，がれきの山や，東京が放射能汚染される描写から，再びゴジラが「原子力」という，核に対する風刺として描かれている。人々はもはや「核兵器」という70年前の戦争の記憶ではなく，つい5年前の「東日本大震災」の記憶として「ゴジラ」＝「核」を捉えていると解釈できるのではないか。

★実践のポイント★

　「サブカルチャーがその時代の人に受け入れられている」＝「その時代の世相を表している」と仮定し，「ゴジラ」を切り口に，その時代の人々の心性（メンタリティー）の解釈にせまっていきたい。

（行壽　浩司）

第4章

主体的・対話的で
深い学びを創る
中学公民授業モデル

オーバーツーリズムから効率と公正を考える～江ノ電の連休対策を通して～

「主体的・対話的で深い学び」のポイント

・実際の社会で起こっている問題を取り上げることで，効率と公正とは何かということを考えさせる。

1 「現代社会の見方・考え方」を鍛える授業デザイン

(1) 効率と公正

「対立と合意」「効率と公正」は公民的分野を学ぶ上で基本となる概念である。教科書では，部活動での体育館の使い方などの学校ネタを取り上げている場合が多い。しかし，そのようなことに対して，生徒が自治的に決めている学校はなかなかないのではないかと考える（私が勤務している学校でも，生徒が主体となっては決定していない）。また，マンションの騒音問題なども取り上げられているが，架空の話では切実性をもたせることが難しい。そこで，実際の社会で起こっている問題点を考えさせることで，生徒に興味・関心をもたせ，「見方・考え方」を鍛えていきたい。

(2) 身近すぎるネタは扱い辛い場合がある

生徒が最も身近に感じるネタは，校区や居住する市町村など身近な地域で起こっている問題である。そのようなネタはゲストティーチャーに話を聞くこともできる。しかし，身近な地域で起こっている問題を取り上げると，保護者や生徒の関係する人に利害関係者がいることなどもあり，難しいことがある。

(1) 効率と公正とは何か

> **❓考えよう** 次のA〜Dは効率と公正のどちらにあてはまるか考えよう。
>
> A：給食を食べきるために，早く食べ終わった人からおかわりができる
>
> B：プロ野球のバットには，長さや直径に規定がある
>
> C：スーパーマーケットでは，閉店間際に値引きをして販売する
>
> D：国会議員などの選挙の際，用事がある人などは期日前投票ができる

　Aは残食を出さない点が効率的で，Cも売れ残りを出さないという点が効率的である。BやDは，条件を同じにするという点で公正的である。

　手続きの公正，機会の公正，結果の公正について説明する。また，決定の方法（全会一致，多数決，代表者が決める，第三者が決める）やそれぞれの長所短所について考えさせる。

> **❓考えよう** コンビニのレジ付近の写真を見て，効率と公正の視点から気づいたことを発表しよう。

S「レジが2つあるけど，早く並んだ人が先に清算できるようにしている」

S「別々に並ぶと，先に並んでいるのに遅くなる場合も
　　あるので，公正になると思う」

T「そうですね。ところで，『シングルライダー』って
　　言葉の意味がわかる人いますか」

S「遊園地のアトラクションに1人で乗る人のことです。大きなテーマパークとかで見たことあります」

T「その通りです。アトラクションは1人で乗る場合と複数人で乗る場合では，別々に並ぶことがあります。これについて，効率と公正の視点から考えましょう」

S「シングルライダーの列は，行列が少ないから，早く乗ることができる」

S「3人乗りのアトラクションで，2人で乗ると1席空いてしまうので，シングルライダーの人が乗ることによって，空いている座席を有効活用していると言える。だから，効率的だ」

S「1人で乗る場合と複数人で乗る場合で，待つ時間が違ってくるから公正とは言えないかもしれない」

テーマパークのアトラクションの入り口の写真などを掲示するといい。

(2) 実際に起きている問題について，効率と公正の視点から対策を考える

> **クイズ** 面積当たり（1㎢）の1日の観光客数が多いのはどこの都市か，次から選ぼう。
>
> 京都市／奈良市／日光市／鎌倉市

S「世界遺産もいっぱいある京都」「京都か奈良。外国からの観光客も多い」

T「上の都市のそれぞれの2018年の年間観光客数は，京都市が1番です」

S「やっぱり」

T「しかし，年間観光客数を365日で割り，各市の面積で割ると，鎌倉市が1番になります。つまり，鎌倉市には，狭い範囲にたくさんの観光名所があり，混雑していると言えます」

各市の面積と観光客数の人数の資料を示してもいい。

> **クイズ** なぜ，鎌倉にたくさん観光客が来るのか。鎌倉市観光名所クイズに答えよう。
>
> ①○○○○に関連する史跡がたくさんある。
>
> ②「サ○○○○○○○ズ」のリーダー○○○○の出身地が近い。楽曲の歌詞にもたくさん登場する。
>
> ③人気バスケットボール漫画（アニメ）「○○○○○」の舞台である。

正解は①が鎌倉幕府，②はサザンオールスターズ・桑田佳祐，③はスラムダンクである。

　鎌倉幕府の史跡として，鶴岡八幡宮や源氏の武将の墓などの写真を見せる。また，鎌倉市の地名が登場するサザンオールスターズの楽曲を聞かせたり，アニメ「スラムダンク」のオープニング映像を見せたりしてもいい。

アニメ「スラムダンク」のオープニングにも登場する江ノ電鎌倉高校前踏切
連休中はカメラを手にした多くの人で溢れかえる光景となる

> **❓考えよう**　江ノ電のゴールデン・ウィークのオーバーツーリズムの対
> 策を考えよう。

T「『江ノ電』って知っていますか」

S「知らない」

T「正式名を江ノ島電鉄と言い，鎌倉駅と藤沢駅とを結ぶ総延長10kmの鉄道
　です。ゴールデン・ウィークにはたくさんの人がきて，鎌倉駅では改札
　内に人が入りきらないこともあり，過去には1時間以上の待ち時間とな
　った年もあったそうです。このような状況に，どのような対策があります
　か」

S「普段の倍ぐらいに電車を増便する」

S「車両を連結して，たくさんの人が乗車できるようにする」

T「他の鉄道会社では増便や車両の増結をするかもしれませんが，江ノ電の

特徴的に難しい現実があります。理由
を写真から考えましょう」

S「線路が1本しかない」

S「線路の周辺が道路なので，線路を増や
　せない」

T「このような線路が1本しかない路線を
　単線と言います。写真のような，道路上の線路を併用軌道と言います。
　江ノ電は路線の一部が併用軌道です。また，車両を連結するにも駅のホー
　ムを長くしないといけません。増便や増結は難しいですね。しかし，
　このままではゴールデン・ウィークに長時間待つことなり，鎌倉市民は
　困ることになります。このような観光客が溢れ，一般の人々の生活が脅
　かされることなどをオーバーツーリズム問題や観光公害と言います（他
　にも，ゴミの増加，騒音等もオーバーツーリズムに含まれる）。江ノ電
　のゴールデン・ウィーク対策について個人で考え，班で話し合い，より
　よい解決策を出しましょう」

1班	2班	3班	4班	5班	6班
・バスを増やす　整理券をくばる　住民に人の動きを　よびかける	住民と観光客の　車両に分ける　・住民を安くする　・地下鉄に板　・住民はバスターラを　使うかわりに割引する	・観光客のみ　予約制　・通勤・通学の人は　優先的に利用	・ネットで　人数制限　学生，会社員専用バス　・急でるから順番に　・学校や会社のはじまる　時間を遅らせる。	通勤・通学の人を優先　通勤・通学の人のために　バスを運行　・観光客は他の方面より　電車ルートをまくルアを行う　よって通学する	通勤・通学用の　車両を作る　イスをなくして　立って乗る

各班の意見

　黒板に書かせた後，各班の意見を批評させる。「バスを増やす」という意
見には，「それでは道路が渋滞する」が，「地下鉄にする」という意見には
「お金がかかりすぎて，効率的と言えない」などの意見が出された。他のク
ラスでは，「2階建ての車両にする」という意見も出たが，「普段のお客さん
の人数では，必要ないのではないか」という反論があった。

　その後，実際に江ノ電が行っている対策を紹介し，効率と公正の視点から
議論させる（2018年や2019年のゴールデン・ウィーク期間は，地域住民が，
「江ノ電沿線住民等証明書」（鎌倉市が発行）を改札で提示すると，改札外の

乗車待ち列に並ばすに改札を通ることができるようにした)。

3 プラスαの展開例～他の観光地のオーバーツーリズム問題～

　2020年春からの新型コロナウイルス感染症流行により，観光業は大きなダメージを受けているが，コロナ禍以前は，様々な観光地でオーバーツーリズム問題があった。

　インターネットで「オーバーツーリズム」を検索すると，インバウンドの増加を背景に，京都や奈良などの古都だけでなく，世界遺産エリアや外国からのクルーズ船の寄港地などたくさんの観光地の問題が出てきた。具体的には，公共交通機関や道路，商店などあらゆる生活インフラの混雑の他，トイレやレンタカーの不足，食べ歩きによるゴミのポイ捨て，騒音など様々である。自治体や観光協会による対策には成功事例もあり，子どもたちが授業で効率と公正の視点から考えた後に，紹介することができる。身近な自治体や観光協会などが対策を行っている場合，インタビューをしてもいいかもしれない。

★ 実践のポイント ★

　実際に起こっている問題を第3者の目線で考え，効率と公正とは何かということを考えさせることができる。また，江ノ電が実際に行っている対策から，多くの人が合意できる着地点を考えることも大切である。

（田沼　亮人）

【参考資料】
・森川天喜「鎌倉市民が悩む「観光渋滞」は解消できるか　江ノ電実証実験や観光マイカー課金も実施へ」東洋経済ONLINE，2018年
・内田宗治「大混雑の「江ノ電」は社会実験で快適になるか」東洋経済ONLINE，2018年
・柴田東吾「大混雑，「江ノ電」の運行本数は増やせるか？　列車の行き違い設備を作れば解決するが…」東洋経済ONLINE，2020年

人はなぜ騙されるのか？
～行動経済学の活用～

「主体的・対話的で深い学び」のポイント

・人はなぜ騙されるのか，行動経済学の知見にもとづき理解する。

・路上喫煙や肥満，交通ルールなど身近な問題を考察する。

1 「現代社会の見方・考え方」を鍛える授業デザイン

(1) 行動経済学の活かし方

　行動経済学は，合理的経済人（ホモ・エコノミクス）を前提とするのではなく，実際の人間を前提とし，人間がどのように選択・行動し，その結果どうなるかを究明することを目的とする研究分野である。行動経済学の知見によれば，人間は正確な知識と情報をもっていても，合理的でない意思決定をしてしまうことが明らかになっている。学校教育で行動経済学の知見を活かす方法は多岐にわたるが，筆者は標準的な経済学の補完的なものとして紹介したり，「最後通牒ゲーム」から，個人の意思決定に利他性があることを体感させている。

(2) 身近な問題の気づきと解決へ向けて

　本授業は行動経済学の知見にもとづく人間の判断の傾向（クセ）を，生徒自身が体感し，身近な問題を考察する構成になっている。ここではナッジと呼ばれる解決策が示されている事例を取り扱ったが，学校の課題や消費者問題など，複数の視点から事例を考察することでさらに理解が深まるはずである。

2 展開と指導の流れ

(1) 行動経済学を体感する

> **クイズ** 次の３問のクイズに答えよう。制限時間は３分。よーい……！
> ①バットとボールが合わせて110円です。バットはボールよりも100円高いです。ボールの値段はいくらでしょうか。
> ②ある工場では５台の機械が５分間で５個のおもちゃを生産します。100台の機械で100個のおもちゃを生産するのには何分かかりますか。
> ③ある池に浮き草の塊があります。毎日，浮き草の面積が倍になっていきます。もし，48日で浮き草が池全体を覆ってしまったとすれば，池の半分を覆うのに何日かかったでしょうか。
>
> 2006年心理学者・シェーン・フレデリック氏が考案したRCT
（Cognitive Reflection Test：認知反射テスト）より

Ｔ「あまり難しく考えないで……。では，正解を教えてください」

Ｓ「はい！『１が10円』『２が100分』『３が24日』です」

※最も多い誤答。時間をかけると正答率は上がる。

Ｔ「ナイスチャレンジ！　正解は，『１が５円』『２が５分』『３が47日』です。小学生の算数レベルの問題ですが，大人でも多くの人が間違えます。冷静に計算すればわかるはずなのに，人は直感的に答えてしまう傾向があるのですね」

※参考：ノーベル経済学賞を受賞したカーネマンは，人間の直感的な思考を「システム１」，理論的な思考を「システム２」とした。アリストテレスも『ニコマコス倫理学』の中で染み付いた直感や習慣を熟慮によって克服することがいかに難しいかを指摘している。

Ｔ「では，第２弾です」

Q **発問** 次の２つのくじから１つを選んでください。

①A：コインを投げて表が出たら２万円もらい，裏なら何ももらわない

B：確実に１万円もらう

②A：コインを投げて表が出たら２万円支払い，裏なら何も支払わない

B：確実に１万円支払う

S「はい！『１がB』『２がA』です」

　最も多い回答。これは行動経済学のプロスペクト理論における損失回避性を体感するもので，人間はくじ①のような利得局面ではリスクのある選択よりも確実な選択を好む（リスク回避的）が，くじ②のような損失局面ではリスクが大きい選択をとってしまう（リスク愛好的）。標準的な経済学では人間のリスク許容度は一定と仮定するため，①がAの場合，②もAを選び，①がBの場合，②もBを選ぶが，実際にはそうはならない。このように，行動経済学の知見にもとづいたケーススタディはいくつもあり，ゲーム感覚で体感させることができる。

(2) 身近な問題を考察し，解決策を考える

T「私たちの意思決定には，様々なクセがあります。このような歪みを，よりよいものに変えていこうというのが『ナッジ』と呼ばれるものです。例えばコンビニやトイレの足跡マークは，人々が直感的に正しく列をなすように誘導しています。皆さんにも『ナッジ』を考えてもらいます」

？考えよう

①男子トイレの小便器から飛び散る汚物はどうしたら減らせる？

②カフェテリア形式の食堂で，社員が野菜をとるようにするには？

③ポイ捨ての多いタバコの吸殻を減らすには？

④教室のゴミを減らすには？

⑤課題をギリギリにしないためには？

①は小便器にハエを書いたアムステルダムの
スキポール空港の事例，②は利用者が取りやす
い位置にサラダなどの健康によい食べ物を置く
ことで，無意識に健康によい食べ物を取るよう
にしたシカゴの事例，③はタバコの吸殻で投票
するアンケートボックスの事例を参考とし，④
⑤はオリジナルの事例である。

3　プラスαの展開例～消費者教育～

　18歳成年への引き下げが2年後に迫る中，若年層へ向けた消費者教育の充
実が求められている。これまで消費者教育は，正しい知識や情報の理解が中
心だったが，行動経済学をはじめ，心理学，脳科学で明らかになっている人
間の傾向（クセ）に目を向けることで，生徒自身や家族がトラブルに巻き込
まれることを避けることができる。例えば，「自分だけは大丈夫」という正
常性バイアスや「絶対に騙されない」という自信過剰バイアスなどである。

★ 実践のポイント ★

　本授業は，生徒自身がまず騙されてみるところからスタートする。サ
クラを仕掛ける時間があれば，棒の長さの簡単な実験（米・心理学者ソ
ロモン・アッシュによる）を行い，集団の判断が自分の判断を歪めてし
まう同調行動なども盛り上がる。ただし，これを深い学びにしていくに
は，年間授業計画の中でどのように位置づけていくのかが肝要である。

（塙　枝里子）

【参考資料】
・大竹文雄『行動経済学の使い方』岩波新書，2019年
・スティーブン・スローマン他『知ってるつもり　無知の科学』早川書房，2018年
・ダン・アリエリー『予想どおりに不合理』早川書房，2013年

文字をもたなかったアイヌ
〜アイヌを通して多文化共生を学ぶ〜

「主体的・対話的で深い学び」のポイント 👉

・互いの差異に気づき，認め，他者から学ぼうとした時，多文化共生への扉が開かれる。
・アイヌ民族への差別や偏見について，歴史（明治政府の政策）を通して，日本国憲法の「平等権」が保障する権利の意義を考える。

1 「現代社会の見方・考え方」を鍛える授業デザイン

(1) 多文化共生社会

「多文化共生社会」とは，異なった文化・価値観・思考や考え・行動様式をもった人々，相互理解の難しい人々，わかり合えない人々とも協力・共存していく社会のことである。先住民族であるアイヌ民族が育んできた自然との共存・共生の考え方・価値観や，アイヌ民族が口承による伝達によって文化を継承してきたことを題材に，価値への気づきから共生への一歩を踏み出していく。

(2) 平等権が大切にしている思いとは

「北海道開拓」という名の政策のもと，アイヌに日本社会への参入と同化を強いた明治政府の政策は，何を奪ってしまったのだろうか。日本国憲法では，法の下の平等が掲げられ，誰もが等しく扱われる権利（平等権）が保障されている。今一度，大切にしないといけないことは何なのかを考える。

(1) アイヌの生活と文化

　生徒たちにとって，「アイヌ文化」は決して身近なものとは言い切れず，知識も乏しいことが予測される。国立民族学博物館では「みんぱっく」という実物教材を運送料のみの負担で貸し出しており，民族衣装や生活用具，楽器など，生徒たちが直接手に触れる機会を提供している。生徒たちは，文化が「衣」「食」「住」「言葉」「コミュニケーション」「他との関係」「歴史」「音楽」「技術・仕事」「信仰・宗教」「物語・伝説」など，生活や生き方，様々な事柄と影響し合っていることに気づくことができ，自分たちの文化との違いに着目することから，疑問も生まれてくる。

> **？考えよう**　アイヌ民族の儀礼には「イオマンテ」と呼ばれるヒグマを殺す儀礼がある。なぜ，そんなことをするのか。

　アイヌ（人間）が大切に思っている価値は，カムイ（神）との関係性（神々との共生）や，自然との関係性に見ることができる。アイヌ民族は，動植物や道具類，自然現象まですべてのものに「霊」が宿っていると考えている。「イオマンテ」の本意とするところは，毛皮や肉などをアイヌに届ける役割を果たすためにアイヌシモリ（アイヌの静かなる大地）を訪れたクマの霊を，カムイシモリ（カムイの住む世界）へ送りかえすための儀式であり，「クマの霊送り」の意味合いがある。霊を送るにあたっては丁重な儀礼が行われ，盛大な饗宴とおみやげが伴われる。この儀礼のことを「私たちの立場」から見れば「ヒグマを殺すなんて，野蛮ではないか」と考えてしまうかもしれない。しかし，表面的な事象だけを見るのではなく，

その奥に隠れた価値（意味）を知ることで，心は揺らぎ始める。生徒たちの素朴な「疑問」や「先入観」は，授業をさらに魅力的なものに変えていく。

> **？考えよう** アイヌ民族は「**文字をもたない文化**」だ。文字がない生活は，困らないのか。メリットやデメリット，疑問を考えよう。

〈メリット〉

S「コミュニケーション能力が発達した」「言葉を大切にした」

S「記憶力が発達した」

〈デメリット〉

S「記録できない」「遠くの人と連絡が取りにくい」「勉強できない」

〈生徒の疑問〉

S「アイヌが文字をつくるまでに『至らなかった』のはなぜなのかなぁ？」

T「文字がある文化の方が進んでいるということですか？」

S「………（価値観の葛藤）」

　この生徒の疑問は，生徒の先入観や既成の価値観を反映していると言っていいかもしれない。私たちは文化の特徴を優劣という尺度で捉えてしまう一面があり，この授業者の問い返しによって，意識化して価値観の葛藤を引き出すことができる。このように，「自己がどの立場に立ってものごとを見ているのか」ということに気づく（意識化する）ことからはじめたい。考え方によっては，「アイヌが文字をもたないという『選択』をしたのではないか」，という捉え方もできるのではないだろうか。つまり，文字であらわすことを主体的に避けたといった見方もできるということである。

(2) 明治政府による「同化政策」の是非

> **？考えよう** 現在，アイヌの人々はどのようなくらしをしているのか？
> アイヌの人々は，なぜ日本語が話せるのか？

　平成25（2013）年に北海道が実施した「北海道アイヌ生活実態調査」によ

ると，北海道内の市町村が調査対象者として把握しているアイヌの人々の人数は，16,786人である（内閣官房アイヌ総合政策室ホームページより）。

かつて明治政府は北海道旧土人保護法を制定したが，結果的にアイヌ民族は土地を奪われ，アイヌ文化を否定され，同化政策が強制されることとなった。

「アイヌの人々の名前の変遷」や「成人女性の入れ墨や男性の耳飾りの禁止」「日本語の使用の強制」など，同化政策の事実をうかがい知る手がかりを示した上で，「同化」と「共生」の違いについて考える。

3 プラスαの展開例〜「排他」から「共に生きる」へ〜

同化政策とは，日本人らしくしようとすることである。日本国民なのだからと，日本らしい風習に変え，日本語を教えることは，間違ったことをしているのか？　同化と共生との差異について考えさせる。

★ 実践のポイント ★

アイヌ民族への差別にとどまらず，様々な差別や偏見をなくすための取り組みが各地で行われている。このことは「誰もが等しく扱われる権利（平等権）の保障」と密接に関係している。ここで大事にしたいことは，ものごとを良し悪しの二元的視点で捉えるのではなく，また，排他的にならないように留意していくことである。すべての人々と「共に生きる」ために，どのようなことが必要かを考え，行動していくことが大切である。

（吉田　寛）

【参考資料】

・『アイヌ民族：歴史と現在—未来を共に生きるために—』アイヌ文化振興・研究推進機構，2010年

ジェンダー・バイアスを考える
～アイドルの歌詞の考察から～

「主体的・対話的で深い学び」のポイント

・ジェンダーの意味を理解する。
・アイドルの歌詞からジェンダー・バイアスをみつけ，自らの認識にジェンダー・バイアスはなかったのかを考察する。

1　「現代社会の見方・考え方」を鍛える授業デザイン

(1)「男」と「女」とジェンダー

　性差は身近な問題であるが，私たち自身の性差に対する偏見はみえづらい。また，私たちは社会意識や慣習から「男らしい」「女らしい」というような男女の役割にある特定の価値観を投影し，社会的に固定された性差（ジェンダー）をつくり上げており，これが男女共同参画社会の実現を阻害している場合がある。

(2) HKT48の「アインシュタインよりディアナ・アグロン」

　この曲は2016年4月13日にリリースされ，歌詞が女性蔑視だとしてネットで「大炎上」した。また，「勉強できても愛されなきゃ意味がないと思いますか？」などの意識調査が登場したり，恵泉女学園大学の大日向雅美学長が「心理女性学」の授業で取り上げたりするなど話題となった。生徒には歌詞（全文）と動画視聴を通して，ジェンダー・バイアスを探させる他，歌詞を男の子に置き換え，性差が性的役割を正当化しないことを示していく。

(1) 自身の「男」と「女」の認識をみえる化する

Q発問 「男と聞いて思い浮かぶ言葉」「女と聞いて思い浮かぶ言葉」を
ポストイットに記入し，黒板に貼りにこよう。

「男」「女」と聞いて思いつく言葉を4人1
組のグループでそれぞれ5つ以上考え，クラ
ス全体で共有する（写真。青色とピンク色の
ポストイットを配布すると，男を青色，女を
ピンク色に書くことが多い）。

性別には，生物学的性差（セックス）と社会的・文化的に形成された性差
（ジェンダー）があり，思いつく言葉はほとんどの場合，ジェンダーにかか
わるものであることを理解する。また，最近では，ジェンダーは身体的性別，
性自認，セクシャリティ，性的役割など幅広く使われることについて，
LGBTQ などの話を交えながら紹介する。

> ◇セックス：生物学的性差
> ◇ジェンダー：社会的・文化的に形成された性差（男らしい，女らしい
> など）

(2) アイドルの歌詞からジェンダー・バイアスを見つける

HKT48の「アインシュタインよりディアナ・アグロン」を視聴し，歌詞
からジェンダー・バイアスを見つける。

?考えよう これから視聴するアイドルの歌詞を聴いて，ちょっとヘン
かな？　違和感があるな？　というところに線を引いてみよう。

〈難しいことは何も考えない　頭からっぽでいい　二足歩行が楽だし　ふわり軽く風船みたいに生きたいんだ〉〈女の子は可愛くなきゃね　学生時代はおバカでいい〉〈テストの点以上　瞳の大きさが気になる　どんなに勉強できても愛されなきゃ意味がない〉〈世の中のジョーシキ　何も知らなくてもメイク上手ならいい　ニュースなんか興味ないし　たいていのこと　誰かに助けてもらえばいい〉

作詞　秋元康／作曲　FIREWORKS／歌　HKT48（なこみく＆ぬるみお）

HKT48「アインシュタインよりディアナ・アグロン」（一部抜粋）

T「ちょっとヘンかな？　違和感があるな？　と思ったところを教えてください」

S「〈女の子は可愛くなきゃね　学生時代はおバカでいい〉です」

　発問をすると，回答が真っ先にくる箇所。

S「〈世の中のジョーシキ　何も知らなくてもメイク上手ならいい〉です。先生と言っていることが逆です」

T「たくさん見つけられたようですね。では，意味を逆にしてみましょう」

S「〈女の子はブスでなきゃね　学生時代は秀才じゃなきゃね〉……うーん，これもおかしい気がします」

T「女の子を男の子に変えてみましょう」

女の子だから	これを、 男の子だからに訳してみると
A　可愛くなきゃいけない	A　格好良くなきゃいけない
B　学生時代おバカでいい	B　学生時代おバカじゃだめ
C　どんなに勉強できても、愛されなきゃ意味がない	C　愛されても、勉強できなきゃ意味がない
D　世の中のジョーシキ何も知らなくても、メイク上手いならいい	D　手入れしなくても、世の中のジョーシキ何でも知っているならいい
F　たいていのこと誰かに助けてもらえばいい	F　たいていのこと自分でやらなきゃいけない

授業で用いるスライド例

S「〈男の子は格好良くなきゃいけない　学生時代はおバカじゃだめ〉なのでしょうか。うーん，これもなかなかひどいです」

T「このような性別にかかわる偏見・差別や固定的な性別役割観をジェンダー・バイアスと言います。皆さんが線を引いてくれたところはジェンダー・バイアスと言うことができますね」

T「さて，最初に皆さんが書いてくれたポストイットの中に，ジェンダー・バイアスと言えるものはいくつあったでしょうか？」

3 プラスαの展開例〜男女共同参画社会の実現に向けて〜

　「歌詞を変えるとしたら？」などと発問し，恵泉女学園大学の大日向雅美学長が「心理女性学」の授業で取り上げた学生がつくったという歌詞を取り上げる。フェミニズム（女性解放思想）と日本における男女共同参画社会の流れの概要から，性別にかかわる差別がどのように改善されてきたか理解する。根強いジェンダー・バイアスについて，G.H.ミードなどの思想家の考え方を取り入れつつ，自己と他者の関係から考察するなど多様な展開が可能である。

★ 実践のポイント ★

　本授業は，「差別はいけない」と頭ではわかっていても，社会意識や慣習がジェンダー・バイアスを生み出し，生徒自身がバイアスを内包していることに気づく仕掛けになっている。バイアス自体が悪いのではなく，そのような認識を超えてあらゆる人が活躍できる社会を実現していくにはどうすればいいのか，この後の展開で考察させたい。

（塙　枝里子）

【参考資料】
・江原由美子・山田昌弘『ジェンダーの社会学 入門』岩波書店，2008年
・山田昌弘『モテる構造：女と男の社会学』ちくま新書，2016年
・恵泉女学園大学 学長の部屋（2016年5月9日）

スゴイ！　ねじ／すごい！　物流
～「流通」が経済効率に果たす役割～

「主体的・対話的で深い学び」のポイント

・「産業の塩」と言われるねじの効用について興味・関心をもつ。

・流通が経済の効率化に果たす役割を，ねじ物流会社を通して考える。

1 「現代社会の見方・考え方」を鍛える授業デザイン

(1) 流通と経済的効率

　商品を生産しない「卸売業」（物流センター）は，その仕事や役割が見えにくい。しかし，企業が，必要な時に必要な数の材料や商品を購入できる役割をする「卸売業」は，経済コストの省力化に貢献している。本稿では，ネジの「物流センター」の仕事を通じて，「流通」の役割について考える。

(2)「物流センター」の立地条件

　材料や商品の仲介の役割を担う物流センターの「位置」「場所」を考察することから，「経済効率」という「見方・考え方」を鍛える。

(1) ねじの役割

> **？考えよう**　ねじと接着剤，似ていることと，違いは何か？

S「接着剤はいくら強力でもねじには勝てない」

S「鉄骨を接着剤では固定できない」

T「鉄骨を固定するためには溶接という方法がありますが剥がすことはできません」

S「なるほど。ねじは固定でき，しかも剥がせるという両刀使いだ」

T「ねじの凄さは，締結する時には，絶対に緩まないようにでき，外したい時には楽に緩められるという両方の機能を備えていることです」

　教室でねじが使われている箇所をできるだけ多く探す。「机」「窓」「棚」「テレビ」「電灯」など。

　イヤリング，時計，歯のインプラント，医療器具の他あらゆる機械，家具，車，トンネル，信号，建造物，橋，電車，船，飛行機，ロケット……。私たちが目にするものでねじが使われていないものはない。例えば車１台の中には約20,000本のねじが使われている。製品の内部にあって目立たないが，その重要性から，ねじを称して「産業の塩」と言われる。

(2) ねじの歴史

> **クイズ**
> ①ねじが最初に使用されたのは，1400年代ドイツのグーテンベルクが発明したものだと言われる。何か？
> ②日本は1543年である。何か？

S「グーテンベルクだから活版印刷機」

T 「印刷機の発明により，いろんな人が本を読めるようになり，音楽の楽譜
　　も印刷でき，文化の発展にも貢献しました」

S 「印刷機もねじがなかったら発明できなかってことか」

S 「1543年といえば，鉄砲が種子島に伝わった時だ」

S 「鉄砲を組み立てるのにねじが必要だった」

T 「種子島に伝わった火縄銃を製造しようとしましたが，火薬を出し入れす
　　る尾栓のねじの製造法がわからないので，自分の娘をポルトガル人に嫁
　　がせたという話があります」

(3) ねじを売りたい！　ねじを買いたい！

❓考えよう A：あなたはねじ会社の社長だ。ねじを売りたいがどうす
るか？　グループで考えよう。

S 「ねじを必要とする会社にいくつか電話する」「面倒くさい」

S 「会社のつくっている規格が製品に合うかどうかわからない」

S 「規格って？」「長さや直径などかな」

S 「ホームページをつくって売り出せばいい」

❓考えよう B：あなたは，電気メーカーの社長だ。ねじを買いたいが
どうするか？　グループで考えよう。

S 「ネットでねじ製造会社を調べて注文する」

S 「規格に合うものがなかなか見つからないのでは」

S 「しかし，それを製造している会社を探すのはたいへんだ」

　A，Bの立場で，販売と調達の方法を発表させる。

(4)「サンコーインダストリー（株）」から考える物流の役割

　東大阪市にある「サンコーインダストリー（株）」の写真と社長の挨拶，
会社紹介パンフを紹介する。

「弊社は皆様に速やかにねじ製品をご提供するために，締結部品90万種類という品揃えをしております。それだけでなく，独創的な物流システムでねじ製品をお取り扱いしていただきやすい状態にすることを実現しております。さらに，高い品質の製品を調達する能力，また，お問い合わせいただいたことにお待たせせずにお答えできる仕組み，を構築しており，各種資料も豊富に取り揃えております」

　「お客様が必要な時に必要な数の商品を，たとえ，ねじ1本からでもお求めいただける。あたかもお客様の倉庫として，便利に快適にご利用いただける場所，それがサンコーインダストリーの目指す物流センターです」

？考えよう　この会社，つまり「物流」の役割って何だろう。

S「必要な会社に必要なものを届ける」

S「仲介の役割を果たしている」「すごい！　かなり手間が省ける」

S「買ってくれる会社を探す手間が省ける」

T「それは購入するほうも同じです。この物流センターに連絡するだけで，すぐに必要とするねじが手に入ります」

S「でも，すべてのねじを揃えているのかな」

クイズ　全国には約300万アイテムのねじがある。この会社は，どれくらいのねじを揃えているのだろうか。

約50万／約70万／約100万

　答えは「約100万（109万）」アイテムである。

写真を示す。以下のような倉庫が3階から6階まである。

この箱には，「3mm×15mm」の長さのねじが2,000本収納されている。

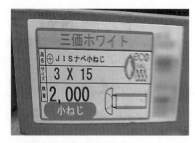

Q 発問 この会社は，何社からねじを入荷しているのか？

S 「1,000」 「500」 「2,000」
T 「答えは1,160社です」

Q 発問 何社くらいに出荷しているのか？

S 「1,000」 S 「3,000」 S 「6,000」
T 「答えは5,440社です」
S 「へっ！ってことは約7,000社近くの会社が手間を省けてるってことだ」
T 「物流センターは，会社の手間を省き，経済の効率化に貢献しています」

　会社ごとに仕分けし出荷するのが，この会社の主たる仕事であり，パナソニック，阪急電車，ディズニーランドなどへも出荷している。東大阪市のねじの多くはここから出荷される。17：30までに出荷すれば，次の日の9：00

には東京に入荷され，参画する運送会社は23社である。

3 プラスαの展開例～立地条件と PB 商品～

　物流センターは，近畿自動車道と中央環状線の交わるところにあり，トラックターミナルも近距離にある。大阪市とも隣接しており，立地条件は最適である。大阪府のねじ（ボルト・ナット）製造会社は約300社あり，2位の愛知県の約100社を圧倒している。東大阪市には，114社のねじ関連会社がある。

　プライベート・ブランド（PB）のように卸売業を経由せず，自社ブランドをつくって生産から販売を自社で行い，経済の効率化をはかるケースもある。

★ 実践のポイント ★

　地味なねじへの「親近感」「スゴさ」を生徒に実感させることが導入のポイントである。「ねじを売りたい」「ねじを買いたい」の議論を経て，「物流」の役割と意義が「へっ！」「なるほど！」と定着するような授業構成を行う。

（河原　和之）

【参考資料】
・東大阪市にある「サンコーインダストリー（株）」への取材

価格って誰が決めるの？
〜価格変動をジグソー学習で考える〜

「主体的・対話的で深い学び」のポイント 👆

・様々な資料をもとに，ジグソー学習を通じて，どのような時に価格が変動するのかを考察する。

1 「現代社会の見方・考え方」を鍛える授業デザイン

(1) 需要と供給，需給曲線と価格変動

　価格変動は生徒の身の回りでも起こっており，身近に感じることができる事象でもある。身近な例から価格変動を考察させることが興味・関心をもたせることにつながると考える。

(2) 身近な価格変動の資料を探す

　新聞やテレビなどを見ていると，「台風で農産物に被害が出て価格高騰」「漁獲量が減少し価格高騰」などというニュースを見ることができる。このような価格変動の背景を探らせることにより，価格がどのように決まるのかという「見方・考え方」を育成することができると考える。

(1) 価格クイズ

> **クイズ** 次の①〜③のクイズに答えよう。
>
> ①マクドナルドのハンバーガーの価格は現在110円（2020年）ですが，
> 　ア〜ウの時の価格はいくらか（選択肢：210円／80円／59円）。
> 　ア：1971年マクドナルド1号店の価格
> 　イ：1990年の価格
> 　ウ：2002年の価格
> ＊正解は，アが80円，イが210円，ウが59円である。
> ②富士山頂付近の自動販売機では500ml のペットボトルの入りのジュー
> 　スなどの価格は1本いくらか。
> 　（選択肢：150円／200円／300円／500円／800円）
> ＊正解は500円である。
> ③「物価の優等生」と呼ばれ，小売価格がほとんど変わらないお財布に
> 　優しい食材は何か。
> ＊正解は鶏卵である。

　①は，バブル経済など時代背景からの価格変動について，②は費用対効果による価格の違いについて，③は鶏卵の生産性の向上や機械化による大量生産，流通の合理化などによる価格の維持について知ることができる。

(2) 価格はどのようにして決まるのか

　この授業の前に，希少性や資源の効率的な配分，生産者価格，卸売価格，消費者価格については既習していることを前提にグループ討議をする。

> **考えよう** 価格は誰が決めるのか考えよう。

S「お店の人」「経営者」「生産者」

T「では，コンビニでジュースが1本10,000円だったら買いますか」

S「絶対買わない」

T「では，価格は誰が決めていると言えますか」

S「買う人」「消費者」

T「では，今日だけジュースは1本10円です。買いますか」

S「買いに行く」「たくさん買う」

T「では，なぜコンビニは1本10円で販売しないのでしょうか」

S「儲からないから」「店がつぶれる」「売れるほど損するから」

T「この話し合いから，価格は誰が決めているかわかりましたね」

S「売り手と買い手の合意で決まる」

> **❓考えよう** いつも同じ価格で販売しているものもあれば，価格が変動
> するものもある。価格の変動について，野菜のなすと旅行の価格が変動
> する理由をグラフから考えよう（なすのグラフは東京卸売市場の資料，
> 旅行価格は旅行社の7月と8月の価格変動がわかる資料を使用した）。

S「なすは入荷量が多いから夏に安くなる」「夏野菜だから」

S「冬のなすはハウス栽培だから，燃料費がかかる」

S「夏は近郊で生産されたものだけど，冬は遠方からなので，輸送費がかか
　る」

T「地理で学習したことから答えることができましたね。旅行価格はどうで
　しょうか」

S「お盆は仕事が休みになって，旅行に行く人が多いから高くなる」
　需要と供給という語句やそれぞれの意味を確認する。

(3) 実際の社会で価格変動はどのような時に起こるのか

　4人グループで，エキスパートを決め，エキスパートごとに価格変動のグ
ラフなどの資料とタブレットを使用して，価格が変動した理由を探る。

〈ジグソー学習〉価格変動はどのような時に起こるのだろうか。需要と供給の関係をもとに，ジグソー学習により明らかにしよう。

A：USJ の入場価格推移

B：ガリガリ君ナポリタン味の価格

C：明石ダコの価格推移（2018年）

D：エースコックの商品価格推移（2017年12月頃～2018年2月頃）

　A～Dそれぞれのエキスパートで調べ，もとの4人グループに戻ってジグソー活動をする。紙面の都合で，エキスパートCの説明内容のみを示す。「明石ダコの価格が高騰した。理由は漁獲量の少なさが原因で，2017年～2018年の冬の寒さが影響していると言われている」

　各エキスパートからの説明の後，クロストークとして「なぜ，価格変動が起こるのか」ということを話し合わせる。気候や突発的な災害・事故，人々の関心，企業努力などの要因で価格は変動することを理解させる。

3　プラスαの展開例～豊作貧乏と売れすぎ販売停止～

　「なぜ，トラクターが畑の野菜を踏みつぶしているのか」ということから産地廃棄について，「なぜ，新製品が売れすぎて販売停止となるのだろうか」ということから，需要と供給について考察できる。

★ 実践のポイント ★

　資料を選ぶ際，時事ネタ，生徒への身近さがポイントであると考える。2020年3月では，新型コロナウイルス感染症によるマスク需要による価格高騰，瀬戸内海の春告魚と言われるイカナゴの不漁による価格高騰などがある。また，価格高騰だけでなく値崩れを起こしているものなど，様々な視点から考えさせることができる資料が必要である。

（田沼　亮人）

7　公共財

「雪かきゲーム」にみる公共財
～「フリーライダー」を切り口に～

「主体的・対話的で深い学び」のポイント 👉

・ゲームを通して「市場の失敗」と税の役割を学ぶ。

・授業者による価値注入ではなく，生徒自身が「税金を払おう」という価値を獲得していく。

1　「現代社会の見方・考え方」を鍛える授業デザイン

(1) 授業プラン「冬将軍をやっつけろ！　ザ・雪かきゲーム！」

　特徴は次の4点である。

①すべての生徒が主体的に学習できる。(授業のユニバーサルデザイン化)

②個人が「フリーライダー」を狙うよりも，広く浅く全員から「税」を徴収した方が，結果的に安く最大の利益を得ることができることを学ぶ。
(公共財と税に関する概念的知識)

③複雑な計算や準備が不要。(生徒にとっても教員にとってもやりやすい)

④ゲームの振り返りを通して学習内容を深めていくことができる。
(主体的・対話的で深い学び)

(2)「対立と合意」「効率と公正」を分析枠組みとして考える

　次頁以降で取り組むゲームを通して生徒たちは「無駄にお金を払ってしまった」「除雪の場所に無駄が生じた」というような意見を出す。これは「無駄をなくす」＝「効率」の概念である。また，「一部の人しかお金を払わなかった」「支払いが不公平に感じた」という意見は「機会や結果の公正」の概念である。

138

生徒たちは，ゲームを通して「効率」と「公正」の考え方を用いて，「対立」の状態を「合意」にしていこうと考えるようになる。このように，公民的分野における「見方・考え方」を分析する枠組みとすることで，社会科の授業として深めることができるのである。

2　展開と指導の流れ

(1)「7日間の除雪費用を誰が分担するべきか」

　受験生のみなさんにとって脅威なのは「雪」。

　しかし現在，除雪車のおかげで車での通勤・送迎が可能になっています。その除雪車も，除雪をしてくれている人の給料も，みなさんの税金によってまかなわれています。

　今日は「もしも，道路を除雪するのに，税金ではなく，みなさんが料金を払わなければならなかったとしたら」を考えてみたいと思います。

〈ルール〉

　1班4人の道具：トランプ（赤4枚・黒4枚），クリップ28個

①1人につきトランプを2枚（黒と赤），7万円（クリップ×7個）を渡す。

②あなたが除雪料金を支払おうと思った場合，黒のカードを裏向き（数字のない面）で提出する。除雪料金を支払いたくないと思った場合，赤のカードを裏向きに提出する。

③料金を支払った場合，あなたと机を接している道路はすべて除雪される。料金は1万円だ。

④もしあなたが料金を支払わなくても，あなたの隣の人が料金を支払ってくれていれば，あなたは除雪の恩恵を受けることができる。

　（フリーライダー＝タダ乗り）

⑤もしもあなたも，あなたの隣の人も料金を支払わなかった場合，除雪車は

来ない。家の中から出られない事態に陥る。

３日連続で外に出られないと失敗。

⑥ゲームは７日間（つまり７回）行う。うまく料金を支払わずに除雪の恩恵を受けられるか。さぁ，駆け引きの時間です！

〈例えば〉

Aが支払ったらAB間の道とAC間の道が除雪される。

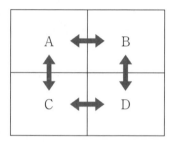

AとDが払っていればBとCの２人は払わなくても除雪の便益を受けることができる。

７日間のゲームを行う。授業は大盛り上がりである。自分と隣接する道路が完全に除雪されれば○，片側だけなら△，まったく除雪されなければ×を記録していく。大切なのはこの後の振り返りである。生徒一人ひとりにゲームの感想を言ってもらう。

(2) ゲームを通して「公共財」を学ぶ

S「除雪が重なっているところが無駄だった」（効率）

S「ケチな人がいる」（多数の笑い）

S「隣の人が払ってくれるとありがたい」

S「斜めで払い合うと，いい感じ」

S「自分が払っているのに，払っていない人が喜ぶのは不公平！」（公正）

T「最も少ない費用ですべてを除雪できるのは，斜めの人同士が10,000円ずつ払った時ですね。20,000円で済みます。でもその条件が揃うのが難しいです。うまくいくために，ルールを変えるとしたらどうしますか」

S「当番制で払う人を決める」「それだと守らない人が出るかも」

S「４人で20,000円なんだから，毎回5,000円ずつ出す方がいいのでは？」

T「それなら７日間で一人35,000円で済みますね。今回のゲームで40,000円以上出している人は，毎回5,000円ずつ出す時よりも損をしています」

S「たくさん出費をしているにもかかわらず，除雪がされたりされなかったりする（結果が不安定）のなら，一定額を支払うことによって確実に除雪がされる方がいいと思います」

T「それが広く浅く全員から集める『税』のメリットですね。自力救済だとかえって出費が増える上に，インフラが機能しない『市場の失敗』に陥る可能性があります」

S「利己的に動く人（フリーライダー）が増えると，かえって不利益を社会全体のみならず個人にももたらすということですね」

S「『税』っていやなやつだと思っていたけれど，きちんと分担して払うことが大切だと思いました」

3 プラスαの展開例～「公正」を深め広げる～

　今回のプランではアクターにかかわらず等しく同じ金額を支払うが，「公正」を深めていくと経済的余裕のある人が多くの費用を支払うという考え方が生徒から出てくる。そこから「逆進性」「累進課税」についての学習につなげたい。

☆ 実践のポイント ☆

　ゲームを通して，社会科が得意な子も，苦手な子も，みなが白熱する授業を展開し，「税」の大切さを理解するプランである。「税金を払いましょう」と価値を注入するのではなく，生徒自身が学習していく過程の中で「税は払った方がメリットは大きい」と感じることが大切である。このように，生徒自身が主体的かつ体験的に学習を行うことで獲得した知識や価値は，主権者となった時にも発揮されることであろう。

（行壽　浩司）

「激落ちくん」物語〜メラミンスポンジからみるドイツにおける環境政策の歩み〜

「主体的・対話的で深い学び」のポイント

- 「激落ちくん」を切り口に，ドイツの人々の環境への意識を知る。
- 科学技術の発展と環境配慮の事例を通して，「持続可能性」をイメージする。

1　「現代社会の見方・考え方」を鍛える授業デザイン

(1) ドイツにおける環境問題と環境政策

　ドイツは工業国として有名だが，一方で環境問題と向き合ってきた国でもある。酸性雨により，「黒い森」（シュバルツバルト）が枯れたり，石像が溶けたりした。水俣市が公害の反省から「環境都市」になったように，ドイツでも環境を守る取り組みが活発化した。リユース・リデュース・リサイクルの３Ｒは有名である。再生可能エネルギーや地域内のエネルギー自給においても，先進事例が数多く登場している。これらの具体的事例に触れながら，持続可能性を考える。

(2) 科学技術を生かした環境配慮を考える

　「激落ちくん」で有名なメラミンスポンジは，ドイツで誕生した。環境保護を重視する気運の中で，「洗剤を使わない」「自然に優しい」新素材が，ドイツの技術力により生み出されたのである。近年は（マイクロ）プラスチック汚染が注目され，まなざしが変わり，自然で分解されるプラスチック開発も進められている。科学技術の発展と持続可能性を考察する。

2 展開と指導の流れ

(1)「激落ちくん」の出身地は……？

T「今日はあるものをもってきました」（袋から「激落ちくん」を出す）

S「『激落ちくん』だ」

S「洗剤がなくても汚れが落ちるやつでしょ」

T「『激落ちくん』ことメラミンスポンジ。汚れがよく落ちるだけでなく，『洗剤要らずで環境にやさしい』と注目されました。『激落ちくん』はどこの国生まれでしょう？」

S「日本じゃない？」

S「パッケージに『ドイツ生まれの新素材』ってある！」

T「『激落ちくん』の素材はドイツ生まれです。背景を追ってみましょう」

(2) 黒い森が枯れた!?～「環境破壊」から「環境先進」国への歩み～

T「ドイツの人々にとって，森は大切な存在です。シュバルツバルト（黒い森）は象徴の一つ。ところが1980年代，この森が枯れ始めました（写真左）！ 右の写真は，同じ石造。真ん中は1908年撮影，右側は1996年撮影です。これらの原因は何でしょう？」

S「森だけでなく溶けた石像もあるから，気温ではない」「酸性雨！」

T「工業国ドイツでは，工場排煙などが原因の酸性雨被害も深刻でした」

考えよう 工場はもちろん，ドイツの人々は生活の中でも環境を守る取り組みをはじめていく。考えられる工夫をグループで思いつくだけ挙げてみよう！

S「排煙を少なくするように，工場の煙突にフィルターをつける」

S「車の二酸化炭素を減らすために，電車や自転車を使う」

S「環境に配慮する，と言うのならごみを出さないようにする」

　付箋紙やワークシートを用いてアイディアを出し，班ごとに発表する。その後，実際の取り組みを紹介する。工場排煙を減らす技術導入に加え，CO_2排出を減らす工夫も続けられている。例えば路面電車（LRT）の活用。CO_2削減だけでなく，渋滞緩和，景観の向上にも役立っている。

T「CO_2削減以外にも，ごみを出さない取り組みも盛んです。スーパーマーケットでは量り売り。飲料容器も再使用可能な頑丈なものを用い，購入時は容器代も払いますが容器を返却するとその分返金される『デポジット式』が普及しています」

S「だから洗剤が要らない『激落ちくん』の素材も，ドイツで広まったんだね！」

　ここ数年，世界ではマイクロプラスチックによる環境汚染も知られ，自然界で分解されるプラスチックの技術開発も進められている。

(3) エコロジーでエコノミー!? エネルギー自給への挑戦

> **?考えよう** 驚きのバイオマス！ トウモロコシと（　　　　　）で発電！

S「バイオマスってなに？」「トウモロコシが暖房になるの？」

S「小麦？」「わからん，うんち！」

T「正解です！ マウエンハイムのある集落では，トウモロコシ粉を発酵させ，牛糞を混ぜ，発生したメタンガスで発電します。その時に出る熱を温水に伝えて，パイプで集落にまわして暖房供給もしています。バイオマスは生物からできた有機性資源の意味です。料金も安いです。地域の企業が事業を担い，地域内でお金も回ります。『エコロジー』と『エコノミー』の両立が持続可能性のポイントです」

3 プラスαの展開例
～持続可能な社会のための，脱原発への取り組み～

　1991年，シュバルツバルトの町シェーナウの市民たちが，再生エネルギー会社を立ち上げた。きっかけはチェルノブイリ原発事故。一連の動きは，映画「シェーナウの想い」にまとめられている。

☆ 実践のポイント ☆

　関連するたくさんの画像，映像も用いながら，「へー，なるほど」「そうなんだ！」と驚きのある展開を心がけたい。日本の消費文化を相対化するための「出会い」が，持続可能な社会を考える上で大切になる。

（和井田　祐司）

【参考資料】

・森まゆみ『環境と経済がまわる，森の国ドイツ』晶文社，2016年

極寒の〇〇町を救え！
～内発的発展論の教材化～

「主体的・対話的で深い学び」のポイント

・人口減少がもたらす未来を具体的に考えつつ，身近な地域の現状を理解する。

・まちおこしを考える思考実験をしながら，内発的発展の具体的事例にふれる。

1 「現代社会の見方・考え方」を鍛える授業デザイン

(1)「過疎化」から「消滅可能性都市」論へ～現在の日本における人口問題～

「過疎」「限界集落」の語は従来からあったが，どこか地方特有の問題と捉えられてきた。ところが，若年女性の人口移動に焦点をあてた日本創成会議の分析により，都市部でも将来の人口急減は深刻だと判明した（「消滅可能性都市」論）。ここでは，人口減の背景と，将来的に予想される困難を具体的に考察するのが重要である。人口移動のきっかけの一つに，就職がある。経済状況の活発さを「県民経済計算」をもとに考察する。

(2) 市民参画・参加とまちおこし～内発的発展論への接近～

人口流出を食い止めるためにも，魅力的なまちづくりが問われている。近年注目されるのが，地域の資源を活用し，地域住民の参加・参画により行われる「内発的発展」である。北海道の下川町や島根県の海士町の事例から考察する。思考実験も行い，「楽しみながら」考えるのが重要である。なぜなら，内発的発展は住民が楽しんでこそ，実現と持続の可能性が開かれるからである。

(1)「この数字は何だろう？」

　県民経済計算（内閣府のホームページにある）の一覧表を示す。

S「人口？」「それぞれの都道府県の人の所得では？」

T「数字が大きい都道府県と，小さい都道府県ベスト３はどこでしょう？」

S「大きいのは，東京，愛知，大阪」「少ないのは，鳥取，高知，島根」

T「県民経済計算の数字です（純生産）。所得も含め，経済活動の活発さを
　　示しています。数字が大きい場所は仕事場が多くあり，給料も高いです。
　　小さい場所はその逆の傾向です」

S「仕事がたくさんあり経済が活発な場所がいい。その方が就職しやすい」

S「数字が小さい所から大きい所に人が移ると，地方の人口が減る！」

？考えよう　人口が減少すると地域にはどのような困難が生じるのか。

S「就職でいなくなるのは若者が多いから，将来子どもがいなくなる」

S「住民がいないと自治体への税金が入らず，公共サービスも悪くなる」

　要点を板書で整理し，「経済が活発で人口が多い都道府県でも，地域内を
分析すると人口問題がある」となげかけ，地元都道府県の「消滅可能性都市
一覧」を示す。都市の生徒にも人口問題は「遠い田舎の出来事」ではない。

(2) 地域の持続可能性をさぐる，２つの「発展論」

？考えよう　人口減少を止めるために，市町村はどのような方法を取れ
ばいいか。

S「働く場所を増やすために，大きな会社や工場にきてもらう」

S「道路をつくったり，建物をつくったりして，市町村が仕事をつくる」

T「外部から企業等を誘致する・公共事業で雇用をつくるのを外来型開発と

言います」

S「でも，誘致しようにも企業が来ない田舎や，諸島部は？」

T「考える材料として，島根県隠岐郡海士町の事例をみてみましょう」

　1950年頃に約7,000人近くいた人口は，2010年には2,374人に減少。高齢化率は約40％。就労先の少なさから若者の多くが卒業後島外へ流出してしまう。町は雇用確保のために公共事業に投資し続けるが借金が膨大な額に……。

T「近年，若い移住者が増えました。スローガンは
　　『ないものはない』。どんな意味？」

S「不要なものはなくていい」

S「田舎ぐらしを満喫しよう」

　「隠岐牛」「岩牡蠣はるか」「島じゃ常識　サザエカレー」など，島にあるものをブランディングし，雇用を生み出している。住民がアイデアを出しながら地域資源を生かしてまちおこしをする，「内発的発展」の事例である。

(3) 思考実験：「極寒の○○町を救え！」（○○には町名を入れる）

○○町の位置と風景：ほとんどが山と森林。冬は極寒，豪雪

❓考えよう　北海道○○町は東西20km，南北30kmの広大な面積。町の9割が森林で，なだらかな山々に囲まれている。わずかな平らな土地に，畑と街並みがある。鉄道はなく，最寄り駅は隣の市で，車で20分。高速道路もなく，最寄りのICまで車で45分。冬は日中でもほぼ氷点下。寒い日は−30℃になる。豪雪地帯で1日1m積もる日も多い。人口減少が深刻で，特に29歳以下人口は，1980年に2,720人いたのが2015年には650

人に。若い移住者が増えるようなまちおこしプランを考えよう！

S「『快適なスキーの町大作戦』。雪や寒さ，森を資源にし，地元木材で家を
　建て，地元の木を使った薪ストーブ設置を町が奨励する。山をスキー場
　にする。冬はかまくらに宿泊など，特徴のある旅行プランで，親子連れ
　にまず足を運んでもらう。田舎ぐらしの楽しさをアピールする！」

　○○町の正体は，北海道上川郡下川町。町営スキージャンプ場があり，オ
リンピアンを複数輩出している。廃棄ゼロ林業を目指し，建材に加え，葉材
はエッセンシャルオイルなどに加工し，廃材は砕いてバイオマスボイラーで
公共施設の暖房供給を行う。アイスキャンドルフェスティバルには全国から
観光客が訪れる。林業等への魅力を感じる若い移住者が増えている。

3　プラスαの展開例〜「外来型開発」の光と影〜

　滋賀県草津市は政策として土地を立命館大学に提供し，若者に人気の市と
なった。企業誘致が，成功すれば雇用拡大・人口増加で，経済が活性化する
が，公害等のリスクもある。

★ 実践のポイント ★

　人口問題を身近な問題として生徒が認識する。問題把握後は，解決の
ための「魅力的なまちづくり」を考える方向に展開し，思考実験も間に
挟みながら，「楽しく・対話的に」まちおこし事例と出会わせる。

（和井田　祐司）

【参考資料】
・保母武彦『日本の農山村をどう再生するか』岩波現代文庫，2013年
・下川町『エネルギー自立と地域創造』中西出版，2014年

SDGs

首里城復興への思い
～「沖縄21世紀ビジョン」とSDGs～

「主体的・対話的で深い学び」のポイント

・地域での出来事を通して，SDGs について考える。

1 「現代社会の見方・考え方」を鍛える授業デザイン

(1) 首里城焼失

2019年10月31日未明に，沖縄県那覇市の首里城で起こった火災をもとに地域の歴史や文化を知る。

(2) 地域における SDGs

沖縄における SDGs を「沖縄21世紀ビジョン」（2030年の沖縄の姿）から考える。

2 展開と指導の流れ

(1) 首里城は「沖縄のシンボル」

首里城焼失についての資料（新聞記事など）を持参し，授業に臨む（見出しや写真の一部をふせ，フォトランゲージのように提示することも可）。

「一番目に留まったものは？」「何が燃えている？」「人々はどういう思いだろう？」「何に涙している？」など提示した資料に関連する事柄を問う。

首里城は琉球王国（1429～1879年）の政治や外交，文化の中心だった城（グスク）で，過去の火災や沖縄戦で焼けた後，1992年に正殿が復元され，

2019年2月に復元プロジェクトが完了した。2000年には「琉球王国のグスク及び関連遺産群」の一つとして世界文化遺産に登録されている。沖縄戦から現在の沖縄を復元されていく首里城を見ながら歩んできた沖縄の人々にとって，首里城はシンボルだったことを確認する。

⑵ SDGs と「沖縄21世紀ビジョン」

「沖縄21世紀ビジョン」(2010年3月策定)は，2030年を想定年に，県民が望む将来の沖縄の姿と，その実現に向けた取り組みの方向性などを明らかにした基本構想である。

> **❓考えよう** 沖縄のあるべき姿，ありたい姿として「5つの将来像」と
> 沖縄が克服しなければならない「4つの固有課題」をグループでまとめ
> 発表する（内容は略）。

「沖縄21世紀ビジョン」で示している将来像と SDGs の17の目標を関連づけてみることで，沖縄における SDGs を考えることができる。

⑶ 感じたこと・考えたことを4コマまんがを活用して表現してみる

首里城焼失は地元紙にも連日，大きく取り上げられた。生徒が感じたことや考えたことを表現する方法の一つとして地元紙の沖縄タイムス「おばぁタイムス」を活用する。右が掲載された作品である。生徒のワークシートは，2コマ目から4コマ目の吹き出しの台詞を消す。

❓考えよう 2019年10月31日（木）に首里城が焼失した。学習した関連の内容をふまえ，右の「おばぁタイムス」に自分でセリフやイラストなどを追記し，作品を完成させよう。

〈生徒の作品例（今回は文字で紹介）〉

S1 『火事や戦争で何度か燃えても沖縄の人の力で築きあげた首里城』

『中国をはじめ，日本や東南アジア諸国との交易を通して，海洋王国へと発展した』

『何よりも人々の心の支えであった首里城が燃えてしまうなんて』

S2 『正殿　全焼』

『昔の人がいろんな思いをしながら復元させたものなのに』

『今まであたり前のようにあったものが，急になくなってしまう事があるということが実感できた出来事でした』

S3 『せっかく造りなおした首里城が……』

『いろんな赤色を探しに外国にまで行ってやっと再建できたのに』

『大丈夫　一度なおったなら　みんなの力で何度でもなおるよ』

S4 『沖縄のシンボルが……』

『赤土からとった赤はきれいだった（顔料を赤土からとっている）』

『燃えさかる炎の赤なんていらん』

『わたしたちにできることをしようじゃないか……』

　作品をグループで交流し，グループの代表者が発表する。交流，発表を通して，まんがと他者から学びつつ「対話」を通して「深めて」いくことが重要である。

3　プラスαの展開例〜４コマ漫画の活用〜

「なんで新聞に四コマ漫画があるの？」

2020年１月24日（金）放送の「チコちゃんに叱られる」で取り上げられた質問である。チコちゃんの答えは，「すさんだ気持ちを和ませるため」とのことだった。

４コマまんがは新聞や雑誌などに掲載されており，出来事やテーマによっては一作品のみならず，複数作品連載されたりもする。

学んだことを表現したり，共有する方法や教材として適材の作品が多く存在する。

★ 実践のポイント ★

グローバルな視点をもった人材を，地域で育てる視点も大切ではないかと日々考えている。

地域を「知る」→知れば「行動」できる

場所だけでなく，時間（将来）も含め，このようにつなげていく方法の一つとして，授業を構成していきたい。

SDGs は17の目標が定められているが，18番目を考えてみたり，生徒たちにそれぞれの地域版を考案させてみるなどの方法も取り入れられるのではないだろうか。

（西原　とも子）

【参考資料】

・『私たちが目指す世界　子どものための「持続可能な開発目標」〜2030年までの17のグローバル目標〜』2015年

・「沖縄21世紀ビジョン　取組と成果」沖縄県企画部企画調整課，2018年３月

・「おばぁタイムス」沖縄タイムス2019年11月３日掲載（沖縄タイムス社提供）

あとがき

　本書執筆中は，新型コロナ感染が世界を席巻している時期である。仕事は在宅勤務，学校はオンライン授業，会議や飲み会はネット，レジャーは室内になった。近現代史から紐解くと「明治維新」「第二次世界大戦」以来の生活の激変である。感染症の発生は，牧畜と農耕による家畜との濃密な接触と定住がそのはじまりと言われる（諸説あり）。日本においては，遣唐使により都にもたらされた感染症が庶民だけではなく政権担当者にも広がった。聖武天皇は，国家安泰（鎮護国家）のための大仏建立，社会経済的な混乱の融和政策の一つとして，墾田永年私財法を制定する。この法が，その後荘園制度という社会経済的な激変をもたらしたことはご存知の通りである。

　一方，ヨーロッパでは，14世紀にペストが大流行し，イギリス，ドイツ，フランスに広がり，人口の3分の1が亡くなった。当時，最高位にあった教会は感染症に対してどう戦ったのか？　"祈り"である。だが，神父自身が，ペストに感染し，人々は落胆し，教皇の力が弱体化し，十字軍の失敗も追い打ちをかけヨーロッパ中世社会のしくみが大きく変わる。14〜15世紀は，災害や戦争より感染症が大量死をもたらす。「都市化」と「大航海時代」によるグローバル化がその要因だ。日本では，幕末期のコレラ流行はペリー艦隊に乗船していた乗組員から長崎で伝染，そして，江戸へと拡大し3年間流行し続けたと言われている。その怨みは，異国人に向けられ，開国が感染症をもたらしたとして，「西洋＝病原菌」という考えが，攘夷思想が広まる一つの要因となった。

　新型コロナ感染の広がりで未来が見えなくなっている。歴史を紐解くと，少しだが光明が見えてくる。学校での対面授業が中止されたが，不登校で家で学んでいた子どもたちはこれまで通りである。家庭を顧みず働いていた人たちは，家庭に目を向ける機会を得，投票に行かなかった人たちが「次は投票に行く」と言う。否定されていたものが，肯定される。肯定されていたも

のが，否定される。陰陽の逆転現象が起こっていることも事実だ。イスラエルの歴史学者ユヴァル・ノア・ハラリは，「国境封鎖しても孤立より連帯を，敵は内なる悪魔」として，"憎しみ""強欲さ""無知"を否定する。

「ポストコロナ」をどう展望していくかは，私たちの意識や行動による。自国ファーストを加速化し，その必然的な結果として，国の格差を生むのか，それとも，SDGsの観点から，医療や補償が行き届かない，アフリカをはじめとする開発途上国や新興国への援助や，失業者や困窮者への支援により福祉国家への展望を切り拓くのか？　デイビッド・ヒュームは「貧しい人を助ける理由」を「利他で何が悪いのか」と主張する。前述したハラリは，「寛大に人を助ける」ことが大切と説く。

「ポストコロナ」に向け，「社会科教育」をはじめ教育の果たす役割は大きい。「切実性」「当事者性」「有意味性」など，子ども一人ひとりが関わりを有し，学ぶ意味を見出せる対象であり，現実との関わりも深く，学ぶ価値の高いテーマである。「ポストコロナ」の授業が，本書の提案した学習者に根ざした授業構成や，学習形態の工夫などを参考に全国に広がることを願っている。

最後に，本書は，私の長年のネットワークから出来上がったものである。その意味では，私の教師生活の集約的な発信とも言える。執筆に関わっていただいた方は，大学時代に教えた学生，教育センターでの研修，私が主宰する「授業のネタ研究会」に報告，参加していただいた先生方などである。イラストレーターの山本さんは，元東大阪市の教員で「初任者研修」以来の長いお付き合いである。

"つながり""絆"は教師にとって生命線である。懲りずに私との関係を継続していただいている皆さんに感謝するとともに，本書だけでなく「100万人シリーズ」を世に問う機会を与えていただいた，明治図書編集部の及川誠さん，校正などでお世話になった杉浦佐和子さんにお礼を申し上げたい。

河原　和之

【執筆者一覧】

河原　和之　立命館大学
坂上　浩子　兵庫県立尼崎工業高等学校
宮本　一輝　ジャカルタ日本人学校
玉木　健悟　奈良県　川西町・三宅町式下中学校組合立式下中学校
福井　幸代　大阪府枚方市立菅原小学校
行壽　浩司　福井県美浜町立美浜中学校
前田　一恭　大阪府交野市立第一中学校
梶谷　真弘　大阪府茨木市立南中学校
阿部　雅之　ペナン日本人学校
渡辺　　登　新潟県長岡市立才津小学校
和井田祐司　千代田学園大阪暁光高等学校
田沼　亮人　兵庫県明石市立錦城中学校
塙　枝里子　東京都立農業高等学校
吉田　　寛　奈良教育大学附属中学校
西原とも子　沖縄県立那覇商業高等学校

【編著者紹介】

河原　和之（かわはら　かずゆき）

1952年，京都府木津町（現木津川市）生まれ。
関西学院大学社会学部卒。東大阪市の中学校に三十数年勤務。
東大阪市教育センター指導主事を経て，東大阪市立縄手中学校
退職。現在，立命館大学，大阪教育大学他，5校の非常勤講師。
授業のネタ研究会常任理事。
NHK わくわく授業「コンビニから社会をみる」出演。

【著書】

『100万人が受けたい「中学社会」ウソ・ホント？授業』シリー
ズ（全3冊）『スペシャリスト直伝！中学校社会科授業成功の
極意』『続・100万人が受けたい「中学社会」ウソ・ホント？授
業』シリーズ（全3冊）『100万人が受けたい！見方・考え方を
鍛える「中学社会」大人もハマる授業ネタ』シリーズ（全3
冊）（以上，明治図書）他多数。

【イラストレーター紹介】

山本　松澤友里（やまもと　まつざわゆり）

1982年，大阪府生まれ。広島大学教育学部卒。
東大阪市の中学校に5年勤務。
『ダジャレで楽しむタイ語絵本』（TJ ブリッジタイ語教室）企
画・編集・イラストを担当。
〔本文歴史人物イラスト〕前田　康裕

100万人が受けたい！
主体的・対話的で深い学びを創る
中学社会科授業モデル

2020年9月初版第1刷刊	©編著者	河　原　和　之
2021年11月初版第2刷刊	発行者	藤　原　光　政

発行所　明治図書出版株式会社
http://www.meijitosho.co.jp
（企画）及川　誠（校正）杉浦佐和子
〒114-0023　東京都北区滝野川7-46-1
振替00160-5-151318　電話03（5907）6703
ご注文窓口　電話03（5907）6668

＊検印省略　　　　　組版所　長野印刷商工株式会社

Printed in Japan
JASRAC 出 2004140-102
ISBN978-4-18-296013-0

もれなくクーポンがもらえる！読者アンケートはこちらから　→